日本手話
で学ぶ

手話言語学の基礎

松岡和美 著

くろしお出版

目　次

はじめに 7
　1.　手話使用者のタイプ 7
　2.　日本手話・手指日本語・混成手話 9
　3.　日本の手話言語学研究の課題 11
　4.　この本の特徴と使い方 14

第1章　手話の音韻 17
　1.　はじめに 17
　2.　二重分節性 17
　3.　手話単語の音韻パラメータ 18
　4.　ストーキーの手話表記法とその問題点 21
　5.　手話単語の「連続性」をとらえた表記（MHモデル） 23
　6.　手話の音韻現象 25
　　　6.1　同化 25
　　　6.2　保持の消失と語中音添加 27
　7.　両手を使う手話とバチソンの制約 30
　8.　おわりに 31

第2章　手話の形態 35
　1.　はじめに 35
　2.　語基と接辞からできる語 35
　3.　語と語の組み合わせでできる語（複合語） 37
　4.　数字や指文字が含まれた手話単語 40
　　　4.1　数字が入った手話単語 40
　　　4.2　指文字が入った手話単語 40

5. 手話言語の動詞のタイプと一致現象 43
    5.1 3種類の動詞 43
    5.2 手話の「一致現象」を巡る議論 47
  6. おわりに 49

第3章 手話の統語 53
  1. はじめに 53
  2. 「構造」の考え方と構造依存性 54
    2.1 人間言語にみられる「構造」 54
    2.2 文末コピー 56
  3. 日本手話の否定表現 58
  4. NM（非手指）表現といろいろな手話構文 63
    4.1 2種類の疑問文 65
    4.2 話題化文 69
    4.3 接続表現 70
  5. おわりに 71

第4章 意味に関わる手話言語の性質 75
  1. はじめに：言語の「意味」の研究 75
  2. 日本手話のテンスとアスペクト 76
  3. 日本手話のモダリティ表現 81
    3.1 認識様態のモダリティ 83
    3.2 義務モダリティ 84
  4. 語の意味的な性質とNM表現 86
  5. 日本手話の情報の並べ方 90
  6. おわりに 92

第5章　CL・RS・手話の創造性 ... 95
1. はじめに ... 95
2. CL 表現 ... 95
   - 2.1 CL 動詞の特徴 ... 96
   - 2.2 CL 表現の分類 ... 102
   - 2.3 フローズン語彙と動詞以外に見られる CL ... 105
3. RS（ロールシフト・レファレンシャルシフト） ... 107
   - 3.1 2種類の RS ... 107
   - 3.2 RS と CL の組み合わせ：複数の視点を同時に表現する ... 108
   - 3.3 手話語り・手話ポエムと言語の創造性 ... 110
4. おわりに ... 112

第6章　ろう児の手話の発達 ... 115
1. はじめに ... 115
2. 手話の音韻の発達 ... 116
   - 2.1 手による喃語 ... 116
   - 2.2 手話の音韻発達のステップ ... 119
3. 手話の発達とジェスチャーとの比較 ... 121
   - 3.1 指さし(代名詞)の発達 ... 121
   - 3.2 手話の一致表現の発達 ... 124
   - 3.3 CL 表現の発達 ... 126
   - 3.4 NM 表現の発達 ... 127
4. 手話の発達と年齢要因 ... 129
5. 手話のクレオール化 ... 131
   - 5.1 ピジンとクレオール ... 131
   - 5.2 家庭内での手話のクレオール化 ... 132
   - 5.3 コミュニティ内での手話のクレオール化：
     ニカラグア手話の誕生 ... 133
6. おわりに ... 135

第7章　手話研究を行うために ... 137
1. はじめに ... 137
2. 手話言語学の研究対象：ネイティブサイナーの言語知識 ... 137
3. 手話研究を行う際の注意点 ... 138
   - 3.1 研究トピックの設定 ... 138
   - 3.2 手話データの収集 ... 140
   - 3.3 研究成果の発表 ... 146
   - 3.4 研究成果がまとまったら ... 148
4. おわりに ... 149

おわりに ... 151

謝　辞 ... 155
文献紹介 ... 157
引用文献 ... 159
索　引 ... 169

[巻末資料]

指文字表 ... 172
ストーキーの手話表記システム ... 174

はじめに

　この本は、初学者が手話言語学の基本知識を得るための入門書として作られました。読者として想定されているのは「言語学の基本知識を持たない」「手話言語学の基本を勉強したい」ろう者と聴者です。書記日本語を母語としないろう読者に配慮し、専門用語にはふりがなをつけています。また、ろう者が読みやすいよう、また内容を日本手話で表しやすいように、この本は短い文で平易な表現を用いて書かれています。言語学の知識がある読者のために、各章の最後に「もっと詳しく知りたい人のために」というセクションを設けました。

　手指を使うコミュニケーションのすべてが「手話言語」ではありません。ここでは、この本が扱う「手話言語」が何を指しているのか、様々なタイプの手話使用者を比較しながら提示します。最後にこの本全体の構成と使い方と手話表現の表記法の情報を含めました。

1. 手話使用者のタイプ

　手話の使用者は、成育歴や家庭環境により以下のように分類できます。この分類は海外でも手話言語学や手話の発達研究で前提とされているものです。

表1　手話使用者のタイプ

		親	
		ろう	聴
子	ろう	DofD／母語話者 (ネイティブサイナー)	DofH ・早期習得者 　　　(アーリーサイナー) ・後期習得者 　　　(レイトサイナー) ・手話習得せず
	聴	コーダ/MFD	聴者

【DofD (Deaf of Deaf)】　親がろう者、本人もろう者、つまり「デフファミリー出身」のろう者です。生まれた時から日本手話で育てられ、日本手話を母語とするネイティブサイナーです。

【DofH (Deaf of Hearing)】　手話を使わない聴の親に育てられ、手話に接することが遅れたろう者です。手話を習得した DofH は、手話の習得時期により「早期手話話者(アーリーサイナー)」「後期手話話者(レイトサイナー)」に分かれます。DofH の主たるコミュニケーション手段は人によって異なります。日本の場合は、日本手話を使う人・手指日本語(日本語対応手話)を使う人・その両方の特徴が部分的に含まれた混成手話(中間手話)を使う人がいます。手話を習得せず、筆談や口話を使ってコミュニケーションをとる人もいます。

【コーダ】　ろう者を親として生まれた子どもはコーダ Coda/Koda (Children/Kids of Deaf Adults) または MFD (Mother Father Deaf) と呼ばれます。出生時から親が手話を使用して子育てをする場合、コーダは手話言語と音声言語の同時バイリンガルとして育ちます。しかし、同時バイリンガルに近いとされるコーダであっても、ネイティブと同じ文法的直感を持つとは限りません。また、家庭の方針などの事情で手話を習得しないコーダもたくさんいます。

【聴者】　親も本人も聴者の手話使用者は（早くからネイティブとの接触があったような特殊な事例を除いて）第二言語・第三言語として手話を身につけた人ということになります。

2. 日本手話・手指日本語・混成手話

　母語としてろう児が身につける手話言語（日本の場合は日本手話）と、ろう者が暮らすコミュニティで使われる音声言語（日本語）は、同じ地域で同時に使われています。つまり、地域レベルでのバイリンガリズム（二言語使用）が起こっており、言語接触が生じやすい状況といえます。実際に、世界の多くの地域で、音声言語を手指表現に翻訳したものと、その地域のろう者が母語とする手話言語との接触が起こり、その結果として混成手話が生じています。

　たとえばアメリカでは、英語の文法通りにアメリカ手話の手指表現を借用し、足りない単語を人工的に作って補完した SEE（Seeing Exact English）という手指コミュニケーション法があります。SEE とアメリカ手話（ASL）のそれぞれの性質が少しずつ取り入れられたものは、ピジン手指英語（Pidgin Signed English、PSE）と呼ばれています。PSE は、英語の語順にしたがい、前置詞・that 節・マウジング（英語の発音の通りに口を動かす）がある点では英語に近いのですが、NM（非手指）表現（第3章参照）・空間の使用・指文字の使用など、アメリカ手話の特徴も入り混じっています。混成手話である PSE には使用者や使用状況によって様々な種類がありますし、同じ話者でも、状況によって使用するコミュニケーション手段に変化があることも観察されています。

```
                        PSE
        ┌─────────────────────────────┐
  SEE  ←─────────────────────────────→  ASL
（手指コミュニケーション法）              （手話言語）
```

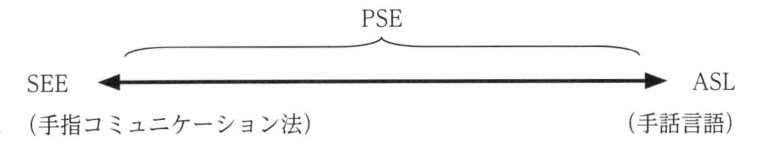

図1　アメリカの手指コミュニケーション法と手話言語

ピジンとは「異なる言語の話者が、限られた場面で最低限のやり取りをするためのコミュニケーション手段のひとつ」です（詳しくは第6章参照）が、PSEを「ピジン」と呼ぶべきかどうかについては意見が分かれています。まず、PSEは音声言語のピジンよりもはるかに複雑な情報を伝達することができますし、ろう者同士でも使われることがあります。ルーカスとバリ（Lucas and Valli 1989）は、6組のネイティブサイナーとレイトサイナーの組み合わせの自由発話のデータを分析して、同じろう者でも状況に応じて、ASLと混成言語を使い分けることがあることを示しました。

　同じような状況が日本でも観察できます。日本語の文法通りに手指表現を並べた「純粋な」手指日本語（日本語対応手話）よりも、実際には「混成手話（中間手話）」に分類される手指コミュニケーション手段の方が多く使われています。幼い時期に日本手話にふれる機会が持てなかったレイトサイナーや難聴者・日本語を第一言語として身につけた後に手話の勉強を始めた中途失調者・聴の手話学習者などが、混成手話の主たる使用者と考えられます。（日本手話と日本語の両方を母語として獲得したコーダは同時バイリンガルであり、混成言語の使用者とは別のカテゴリーに属します。）

```
                  混成手話（中間手話）
          ⎧―――――――――――――――――⎫
手指日本語 ←――――――――――――――――→ 日本手話
（日本語対応手話）
手指コミュニケーション法              手話言語
```

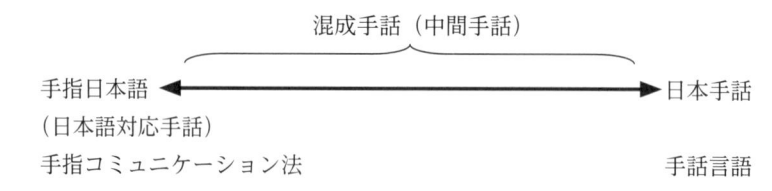

図2　日本の手指コミュニケーション法と手話言語

混成手話には助詞がなく、空間を使う一致動詞（第2章参照）が含まれるなど、日本手話と共通する性質が多少はみられます。しかし、日本手話のネイティブが使う洗練されたNM（非手指）表現を用いた文法表現・CL・ロールシフトなどの多くは欠けています。混成手話を使う人のコミュニティでは、日本語音声のダジャレのような例で、日本手話の音韻的パターン（第1章参照）やネイティブの言語的直感に合わない手話表現が使われることもあります（「ヤバイ」「イエイエ」などがよく知られた例です）。日本手話のネイ

ティブサイナーはそのような表現に対して強い違和感・抵抗感を持つことが多く、それらを日本手話に取り入れることもほとんどありません。特定のコミュニティで生じた表現はそのグループの人たちをつなぐ「文化」の一部であり、その意味では尊重されるべきですが、「日本手話」の一部と考えることはできないのです。

　手話言語の知識がない聴者にとって、日本手話・手指日本語・混成手話を区別することはとても難しいことです。その結果、3つを区別せず、すべて「手話」と呼ぶ慣行が日本では広く見られます。しかし、日本手話と日本語は、根本的に異なる文法的な性質を持っており、言語学的に区別されるべきものです。使用者が多い混成言語の性質を明らかにするためにも、そのベースになっている「日本手話」と「日本語」の両方の正確な記述研究が必要です。

　日本では「手指日本語（日本語対応手話）により近い混成手話」の使用者が圧倒的に多いため、ネイティブサイナーが母語とする日本手話の研究が進んでこなかった実情があります。この社会的な状況を踏まえて、日本の手話言語学研究の課題を考えてみましょう。

3. 日本の手話言語学研究の課題

　日本手話（を含むアジアの手話言語）の言語学的な研究は他国と比べて著しく遅れています。日本の場合には、以下のような原因があります。

原因1：「日本手話」の文法データが収集できていない
　一般的に、手話研究で標準的と考えられている言語データの提供者は「デフファミリー出身で、出生時から手話言語にふれていること」「本人も手話言語を母語とする感覚が強いこと」「手話言語と当該地域の手指コミュニケーション法を区別できる言語的な直感や言語学の知識があること」が条件としてあげられます。しかし、先ほど述べた通り、日本で目にする手話コミュニケーションの多くは、混成手話に分類されるものです。混成手話の使用者にはレイトサイナー・難聴者である「聞こえない人」が多く含まれています。そのような人たちが、特にデフファミリーで使われている日本手話にふれる機会がほとんどない場合、自分たちが使っているコミュニケーション

手段を「手話」と呼んで情報発信を行うことがよくあります。そのため、ろう者自身が手話の研究を行う際にも、日本手話と混成手話の区別をはっきりとさせないまま、データを集めて分析しようとする事例もみられます。さらに、日本手話を使用するろう者といえども、手話言語には確立した文字使用がありませんので、書記日本語の使用がどうしても必要になります。日本語のスキルが高いろう者の場合は、日本語と日本手話の感覚を「分ける」ことができますが、その意識が弱い人もいます。このような状況では、ネイティブサイナーが使う「日本手話」の性質がはっきりとデータに現れてこないということになります。これは言語の研究にとって深刻な問題です。

　どの言語を研究する場合でも、母語話者（ネイティブスピーカー・ネイティブサイナー）からデータを集めることは研究の大前提となります。ただし、ネイティブサイナーなら誰でもよいということではありません。言語使用は「文法」だけで決まるものではなく、文脈や話者の心の状態にも影響を受けます。そのため、「文法」の特性だけを取り出して考えることには、経験や知識が必要です。以下のふたつの日本語の例文を比べてみましょう。

（1）a. 田中がパンを食べた。
　　　b. 食べた田中がパンを。

上のように文字だけでみれば、(1b) の文は「文法的な」日本語ではないといえるかもしれません。しかし、文脈（状況）やリズム、声の大きさや上がり下がりがあれば、(1b) のような文が実際の生活で使われることはあります。

（2）　食べた！田中が、パンを！

しかし、このような例があるからといって、(1b) が文法的な文だと結論づけることはできません。(2) のような文はあくまでも、話し言葉で特定の条件がそろったときにしか言えないからです。このように言語学では「実際に使える」ことと「文法的に許される」ことを分けて考えます。

　また、データ収集を聴者が行う場合には、ろう者がその影響を受けて判断

が「日本語寄り」になる傾向が指摘されています (森 2009)。この問題については、第7章であらためて考えます。

原因2：ネイティブサイナーと言語学研究者の接点がほとんどない

　よい言語研究のためには「質がよい、信頼できるデータ」と「言語研究の専門知識」が必要です。言語学という学問分野は長い歴史を持っており、様々な言語の研究を通して、「ことば」に対する考え方と、それを後世の研究者と共有するための分析や記録の技術を発展させてきました。言語は身近で興味を持ちやすい研究トピックですが、言語研究の理論や分析手法は、本をたくさん読んで独学でわかるようになるものではありません。他の多くの学問分野(たとえば物理学・歴史学・心理学)と同じく、専門的な訓練が必要です。特に、手話言語学のように比較的歴史が浅い分野においては、音声言語の性質や、その分析方法の知識が不可欠です。

　言語学の専門家として、高いレベルで教育を受け、聴の言語学者と同等のレベルで研究成果を発表し、活発に議論ができるろうの研究者がいれば理想的です。たとえばアメリカでは、キャロル・パデン (Carol Padden)、テッド・スパラ (Ted Supalla)、ゴラフ・マザー (Gaurav Mathur) など、ろうの言語学者が活躍しています。そのような人たちは、ネイティブサイナーでなければ気づかないデータを取り上げて分析することで、手話言語学の分野全体に大きな影響を及ぼしてきました。

　今すぐに、そのような状況が整うと考えることは難しいでしょう。その前にできることは、ネイティブサイナーと言語学者が助け合って研究を行い、互いの知識を補いあうことです。手話言語が独自の言語学的性質を持つことは多くの言語学者に認識されており、手話言語に興味を持っている研究者も少なくありません。しかし、ネイティブサイナーに書記日本語が苦手な人が多いため、そして聴の研究者に日本手話のスキルが欠けているために、この両者が出会い、一緒に研究活動を行う機会はほとんどありませんでした。

　この本は、ここで解説したふたつの課題に取り組む方法を考えるきっかけを作るという目的のもとに作られました。ろう者・聴者の双方が手話言語学の基本的な考えを知り「結果を出せる」関係を作るためにこの本を役立てて

ほしいと願っています。

4. この本の特徴と使い方

　前半の3つの章は、言語学の基本的な分野に関する内容です。第1章「手話の音韻」第2章「手話の形態」第3章「手話の統語」では、それぞれの分野の基本的な概念（考え方）と手話言語学の研究成果について解説します。手話の意味論や語用論は近年、欧米を中心に活発になっていますが、まだそれほど多くの研究成果がありません。そこで、第4章「意味に関する手話言語の性質」では手話の意味論全般の解説ではなく、意味に関わるトピックを取り上げました。第5章「CL・RS・手話の創造性」では、空間を使う言語の独特の表現とも言われるCLとRS（ロールシフト・レファレンシャルシフト）を取り上げます。CLとRSは、音声言語の分析方法を応用しにくい性質を持っていますが、言語学者だけではなく、手話の図像的な特性に注目する研究者や、ジェスチャー研究を行う人の間でも関心が高いトピックです。これらの章の内容を踏まえたうえで、第6章「ろう児の手話の発達」ではろうや聴の親のもとで育ったろう児の言語発達と、ろう児のコミュニティで自然に生まれた手話言語に関する研究を紹介します。最後に、第7章「手話研究を行うために」で、ろう者・聴者に関わりなく、手話研究を行う場合に注意しなければならないことや、倫理的配慮についての情報を含めました。

　この本で手話単語の例を出す際には / / が使われています。これは「ラベル」と呼ばれます。ラベルは「訳」ではありませんので、どのような表記でもかまいません。たとえば同じ手話表現でも /ワカル / / わかる / /WAKARU/ /UNDERSTAND/ のように、どの表記で書いてもよいのです。日本語の単語と意味を混同されることを防ぐため、また海外の研究者が理解しやすいように、日本手話の単語のラベルを英語で書く場合もあります。

　同じ手話文でもラベルが変わると以下のように表記されます。

(3) a. / 田中　英語　わかる /
　　b. / タナカ　エイゴ　ワカル /

c. /TANAKA EIGO WAKARU/
　　　d. /TANAKA ENGLISH UNDERSTAND/

アメリカ手話（ASL）の表記では、ラベルを大文字アルファベットで書くことで音声英語の単語と区別する方法が多く使われます。

（4）a. Tanaka understands English. （英語「田中は英語がわかる」）
　　　b. TANAKA UNDERSTAND ENGLISH
　　　　　　　　　　　　　　　（ASL「田中は英語がわかる」）

　眉・目・口などを用いる NM（非手指）表現（第 3 章を参照）は、ラベル上に下線と記号を組み合わせたものを用いて表現されます。以下の例文では、話題化（第 3 章参照）されて文頭に移動した「英語」という手話単語に重なるタイミングで、話題化の NM 表現（眉上げ、目見開き）が生じていることが表されています。日本手話では「英語」「田中」の間にうなずきが入りますが、この表記ではそれは省略されています。

（5）　　___t
　　　/ 英語　田中　わかる /

ラベル表記は手話言語学の専門書や論文でも広く使われていますが、表せる情報には限りがあります。あくまでも、限られた紙面でおおまかなパターンを伝える便宜上の方法です。
　この本に含まれている手話言語の観察や分析は、「完全版」ではありません。読者の手話研究のきっかけになるような提示を心がけるとともに、読者が興味を持ったテーマについて自分で情報を集められるように、可能な限り参考文献の情報を含めました。日本語の参考文献は漢字表記（例：松岡 2015）、英語文献はカタカナまたは英語表記（例：マツオカ 2015, Matsuoka 2015）を用いています。共著論文で複数の著者がいる場合は、筆頭著者の名前の後に「ほか」と表記しています（例：松岡ほか 2015）。詳しい

情報は、巻末にある文献リストに入っています。

　ろうの読者が内容をよく理解できるように、この本の内容を日本手話で解説した動画のDVDも作成しました。写真で示されている日本手話の例の動画は、このDVDで確認できます。DVDの説明は、日本手話のネイティブサイナーが担当していますので、日本手話の文法パターンに興味がある言語学者が簡便な参照資料として利用することが可能です。字幕はつけていませんが、画面上のスライドを参照することで、本のどの部分を説明しているかを判断できるように配慮しています。

第1章

手話の音韻

1. はじめに

　手話言語には「音」はありません。それなのに手話の「音韻」を研究する分野があるとは、どういうことなのでしょうか。この章の前半で説明する通り、「音韻」とは「音」とは違うものです。音韻とは、手話の単語を構成する小さな「部品」のようなものです。この章では音韻論の基本的な考え方、特に「弁別性」について解説してから、手話音韻論の研究の発展を、順を追って見ていきます。

2. 二重分節性

　人間言語の特徴となる性質はたくさんありますが、そのひとつが「二重分節性」です。「小さなものが集まり、大きな固まりを作る性質」のことです。図1を見てみましょう。音声日本語の「傘 (kasa)」と「肩 (kata)」というふたつの語をよく見ると、それぞれが4つの音が集まって成り立っていることがわかります。

```
     kasa            kata
     /|\             /|\
    k a(s)a         k a(t)a
```
この部分には「意味」は含まれていない

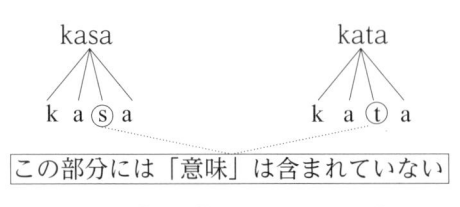

図1 「傘」「肩」に含まれる音

4つのそれぞれ（[k] や [a] など）には意味はありません。しかし、その中のひとつ（上の例では [s] と [t]）を交換すると、語の全体の意味が変化します。つまり [s] や [t] は単語全体の意味に影響を与える力を持っている大切な音であるということになります（音声言語とのより詳しい比較は、この章の最後にあります）。この、単語全体の意味に影響する性質を「弁別性」と言います。どの音が弁別的（弁別性を持つ）かは、言語によって異なります。音韻論は言語学の下位分野のひとつで、研究対象となった言語において、最も小さい「意味の違いをもたらす部品」を研究対象とします。

手話言語の二重分節性を初めて明らかにしたのがギャロデット大学の教員だったウィリアム・ストーキー（William Stokoe）です。手話言語の単語は音声言語の単語と同じような「部品」から成り立っており、そしてその部品を入れ替えると単語の意味がまったく関係ないものに変わるというストーキーの発見は大変重要なものでした。手話の単語がジェスチャーとは本質的に違うこと、そして音声言語と同じ方法で分析ができることを示したからです。

次のセクションでは、手話単語を構成している部品である、音韻パラメータについて解説します。

3. 手話単語の音韻パラメータ

言語における部品は、特定の構造を持ち一定のルールにしたがって組み合わされています。特定の言語における弁別性を持つ「部品」を見出す方法は「ミニマルペア（最小対）」を使うことです。ミニマルペアとは単語や文のペアですが、両方ともほとんど同じ形で、ひとつの部分だけが異なるペアのことです。[kasa] と [kata] の場合は、[ka_a] の部分は同じで、3つ目の音だ

けが異なっています。ミニマルペアを作って、語の意味の違いの有無があるかを考えることにより、弁別性を持つ部品がどれなのかを確かめることができます。

手話音韻論で提案されている「部品」は位置・手型(しゅけい)・動き・手のひらの向きの4つです。これは「手話の音韻パラメータ」と呼ばれます（他の呼び方も提案されています）。

位置： /黄色/－/なるほど//たとえば/－/会員/
　　　 /試す/－/おかしい/
手型： /遊び/－/会社//公開/－/社会//効果/－/無視/
動き： /予定/－/受付//バス/－/いつも//試合/－/相談/
手のひらの向き：/上手/－/流れ//一緒/－/会う/

/試す/ /おかしい/

/公開/ /社会/

/予定/ /受付/

/ 上手 /　　　　　　　/ 流れ /

　<u>位置</u>には「こめかみ」「頬」「胴」などの体の部位が主に含まれます。
　<u>手型</u>の記述には、数字や指文字が多く使われます。「メ」手型はアメリカ手話の指文字を用いて「F手型」と表現することもできます。日本手話で使われる指文字については、巻末の資料を参考にしてください。
　<u>動き</u>には「利き手→非利き手」「下→上」「回転」「身体→身体の外」などの表記が含まれます。(左利きのろう者の手話は左右が逆になります。このため手話音韻論では「左右」ではなく「利き手・非利き手」という表現を用います。)
　<u>手のひらの向き</u>には「内向き」「外向き」「利き手側」「非利き手側」「上向き」「下向き」などがあります。

練習問題 1
手話単語のミニマルペアを探してみましょう。
(手話の知識がない人は手話をよく知っている人と一緒に考えてみましょう)
(a) 位置　(b) 手型　(c) 動き　(d) 手のひらの向き

これらの4つのパラメータが集まってひとつの手話単語ができています。たとえば手話単語 / 見る / は以下の4つのパラメータに分解できます。

/ 見る /

位置：目　手型：「メ」手型　動き：内から外　手のひらの向き：非利き手側

練習問題 2
以下の手話単語を DVD で確認して、音韻パラメータを使って記述してみましょう。
(a) /大丈夫/　(b) /古い/　(c) /何/　(d) /横浜/　(e) /病気/

この他にも、口の動きなどを含めた「非手指表現(ひしゅしひょうげん) (non-manuals, NM 表現)」をパラメータに含める人もいます（非手指表現については、第 3 章に詳しい説明があります）。しかし、NM だけが異なるミニマルペアは数が限られるため（アメリカ手話の LATE ⇔ NOT-YET など）、手話言語学の本では NM を音韻パラメータには含めていないものが多くみられます。

4. ストーキーの手話表記法とその問題点

　ストーキーは、手話の単語が弁別性を持つ部品（音韻パラメータ）が集まってできていることに着目した独自の書記システムを開発し、それを用いて 1965 年にアメリカ手話の辞書を出版しました。手話単語の記述法である「ストーキー法」の特徴は、Tab（位置）・Dez（手型）・Sig（動き）の 3 種類の記号を組み合わせてひとつの手話単語を表すことです。Sig 記号は手のひらの向き、繰り返しの動き、両手の接触などを示す目的でも使用されます。（ストーキー法の記号一覧は巻末資料にあります。）

　日本手話の語も、ストーキー法を用いれば以下のように表記できます。

/私/ [ ]G_T^x 　　/うそ/ $3G_T^x$ 　　/決める/ $B_\wedge H_v^x$

> **練習問題 3**
> 以下の単語を DVD で確認して、ストーキー法で表してみましょう。
> (a) / よい /　(b) / 赤 /　(c) / かまわない /　(d) / 夕方 /　(e) / 不要 /

　手話が音韻パラメータの集合体であるというストーキーの発見は、手話がジェスチャーと異なること、言語学の分析手法を用いて手話言語を分析できることを示しました。

　しかし、ストーキー法には利点だけでなく、様々な問題点(限界)もありました。まず、手話表現の細かい違いが表せないことがあげられます。記号をたくさん作りすぎないように、似たような性質はひとつの記号にまとめるなど、抽象化に力点が置かれていることがストーキー法のひとつの特徴です。しかし、その結果として、記述力(手話表現を正確に表す力)に限界が生まれました。たとえば日本手話の / 誤解 // 手話 // 今 / はそれぞれ異なった位置で表されますが、ストーキー法ではすべて「体の前」を表す記号で表記されます。

/ 誤解  /　　　　　/ 手話  /　　　　　/ 今 /

同じように、/ 色 // 見通し / の手型は少し違っていますが、これらをストーキー法の記号で区別することはできません。

/ 色  /　　　　　/ 見通し /

/ 死ぬ // 子供 / などの手話に見られる片手・両手手話の形（音韻）の違いや、NM（非手指）表現の記述をすることもできません。

　もっと大きな問題は、ストーキー法はひとつの手話単語が持つ「連続的な変化」を表せないことでした。日本手話の / まず / という語を考えてみましょう。

/ まず /

「動き」の音韻パラメータは「非利き手から上」ですが、手話の最初と最後で「位置」と「手型」が異なっています。このふたつの形はどちらかが主でどちらかが副というわけではなく、同じ「重み」を持っているのですが、そのことがストーキー法ではうまく表せないのです。このような連続的な変化は、多くの手話単語の重要な特性です。その特性をとらえるために作られたモデル（表記や分析の道具）がいろいろ提案されましたが、その中でも代表的なものはリデルとジョンソン（Liddell and Johnson 1989）が提案した MH モデル（Movement-Hold Model）です。

5. 手話単語の「連続性」をとらえた表記（MH モデル）

　リデルとジョンソンは、手話表現の流れ（変化）に注目して、保持（Hold）と動き（Movement）から構成される MH モデルという表記法を開発しました。保持（H）とは、語の性質が変化せず保たれる状態です。場所やタイミングが少し異なっても全体の意味に変化がない短い保持は、H ではなく X という記号で表されます。X ははっきり見えなくても（はっきり発音されなくても）大きい影響はないので、よく省略されます。ストーキー法で提案された、手型・位置・手の向きなどのパラメータは利き手と非利き手の「素性」として H（または X）の一部に含まれています。

前のセクションで観察した日本手話の単語 / まず / は以下のように表記できます。最初と最後のふたつの位置をひとつの動き（M）がつないでいる構造がわかります。「＋」記号は、利き手と身体の一部（非利き手を含む）の接触があることを示します。

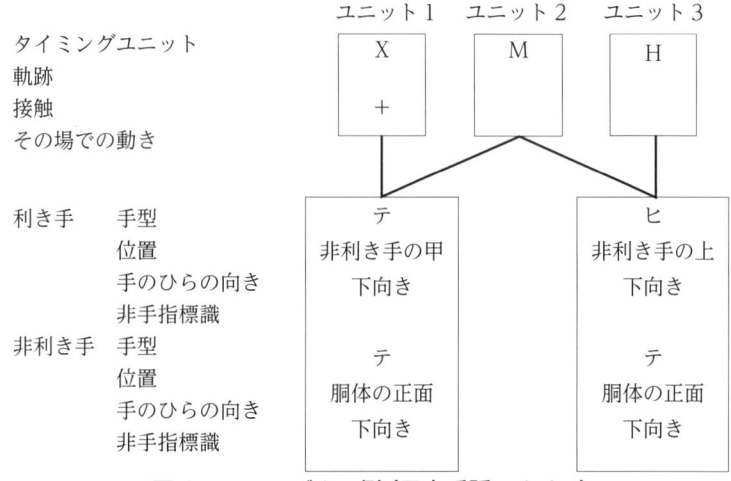

	ユニット1	ユニット2	ユニット3
タイミングユニット 軌跡 接触 その場での動き	X ＋	M	H
利き手　手型 　　　　位置 　　　　手のひらの向き 　　　　非手指標識	テ 非利き手の甲 下向き		ヒ 非利き手の上 下向き
非利き手　手型 　　　　　位置 　　　　　手のひらの向き 　　　　　非手指標識	テ 胴体の正面 下向き		テ 胴体の正面 下向き

図2　MHモデルの例（日本手話 / まず /）

「軌跡」はまっすぐな動きや弧を描く動き（例：日本手話 / 自然 /）を表す部分です。「その場での動き」は日本手話の / 汚い / など、同じ位置のままで現れる動きです。「非手指標識」の部分には、日本手話 / 壊れる // 少ない // つまらない / などの語に含まれる pi 口型などの情報を含めることができます。

練習問題4
以下の手話単語をDVDで確認して、MHモデルを使って表記してみましょう。
(a) / 予定 /　(b) / 意味 /　(c) / 変化 /　(d) / データ /　(e) / 新しい /

このように、MHモデルはストーキー法の利点（音韻パラメータ）を取

り入れながら、より多くの情報を盛り込むことで、より正確に手話単語を表記できるシステムです。日本手話の単語 / まず / は「XMH」という構造を持っています。他にも「H（/ 甘い /）」「XMX（/ 想像 /）」「HMH（/ 賢い /）」「XMXMXMH（/ 方法 /）」など、手話単語には様々な構造を持つものがあります。

H（/ 甘い /） XMX（/ 想像 /）

HMH（/ 賢い /） XMXMXMH（/ 方法 /）

次に、MH モデルを用いて、手話言語の音韻変化の例をいくつか見てみましょう。

6. 手話の音韻現象

このセクションでは、手話言語によく見られる3つの音韻変化について解説します。「同化(どうか)」については、単独の手話単語の例を使って説明します。「保持の消失(しょうしつ)」と「語中音添加(ごちゅうおんてんか)」は語と語が合わさってできる複合語(ふくごうご)（第2章参照）で観察できる現象です。

6.1 同化

ここでは日本手話 / 父 / という表現を考えます。この表現は親族関係を示す「ヒ」手型の頬への接触と、/ 男 / を表す表現、そして年齢が上であるこ

とを示す上方向の動きから成り立っています。

頬位置の「ヒ」　　　　/男/

/父/

　/父/の最初の部分に注目してください。通常の「ヒ」手型ではなく、人差し指に加えて親指がたてられています。/男/という手話単語の音韻パラメータのひとつである「手型」がその前の手型に影響を及ぼしていることがわかります。これが「手型の同化」です。同化は、手型だけではなく、他の音韻パラメータ間でも起こります。

　同化は複合語（第2章参照）でも観察されます。アメリカ手話のBELIEVE（信じる）という単語は、THINK（思う）とMARRIAGE（結婚）というふたつの単語がひとつになって生じた単語です。この複合語では、前の単語（THINK）の手型が後の単語（MARRIAGE）の手型と同化を起こしています。

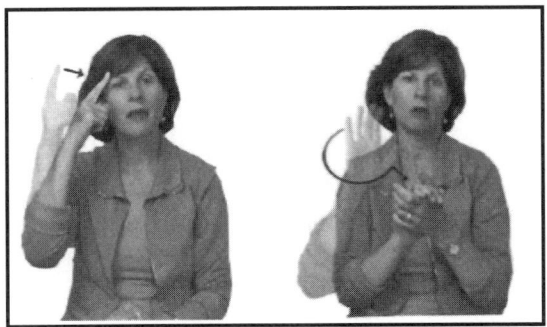

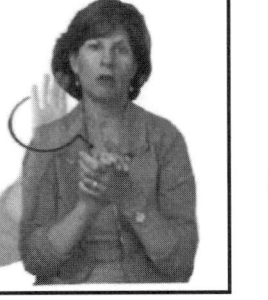

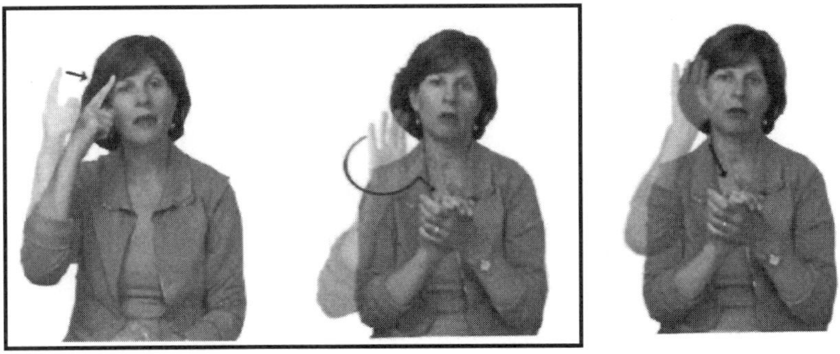

THINK(思う)　　　MARRIAGE(結婚)　　　BELIEVE(信じる)

Sandler and Lillo-Martin (2006)

日本手話の複合語にみられる同化の例については、第2章で解説します。

6.2 保持の消失と語中音添加

　先ほど見たアメリカ手話のBELIEVE(信じる)は、ふたつの単語が合わさって生じた「複合語」です。日本手話の例では/よい/+/お願い/→/よろしくお願いします/、/ろう/+/学校/→/ろう学校/、/初めて/+/人々/→/初心者/などがあります。複合語は、ふたつの単語が連続して並んでいる場合とは異なり、ひとつの流れで表されています。この変化に関係しているのが「語中音添加」と「保持の消失」です。/よい/+/お願い/→/よろしくお願いします/という例を考えてみましょう。

/よい/　　　　　/お願い/

/ よろしくお願いします /

ここでも手話単語の構造表記を使って音韻の変化を考えます。まず、ふたつの語をつなぐ動き（M）が挿入されます。この挿入を語中音添加といいます。次に「よい（HMH）」の最後のHが消え、Xのように弱く短い動きになります。Xは保持のようなはっきりとした静止ではありません。そのため、簡単に省略されたり、動き（M）と一体化したりします。最後にHMH構造を持つ手話単語 / よろしくお願いします / が生じます。

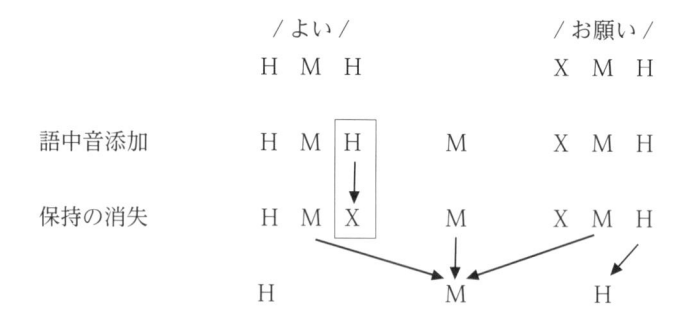

	/ よい /				/ お願い /		
	H	M	H		X	M	H
語中音添加	H	M	H	M	X	M	H
保持の消失	H	M	X		M		X M H
	H			M		H	

図3　手話表現 / よろしくお願いします / が生じるプロセス

保持の消失が起こるかどうかには、利き手と体の一部との接触の有無が大きく関係しています。/ 目 / + / 安い / → / 不注意 / という例を考えてみましょう。先ほど見た / よい / とは異なり、/ 目 / という単語は最後に指と顔が接触する単語です。このような場合、接触をともなう保持（H）は消失しません。

第 1 章 手話の音韻　29

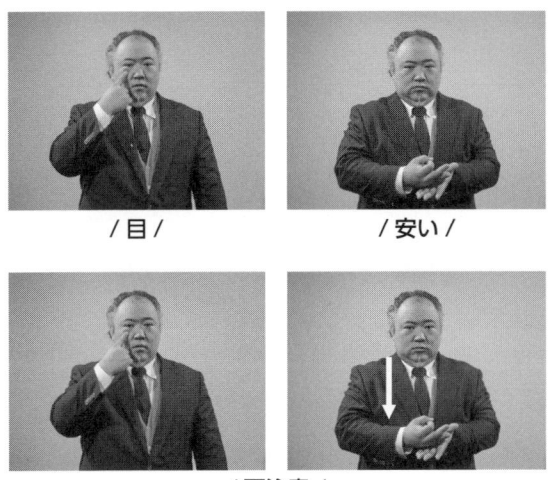

/目/　　　　　　　/安い/

/不注意/

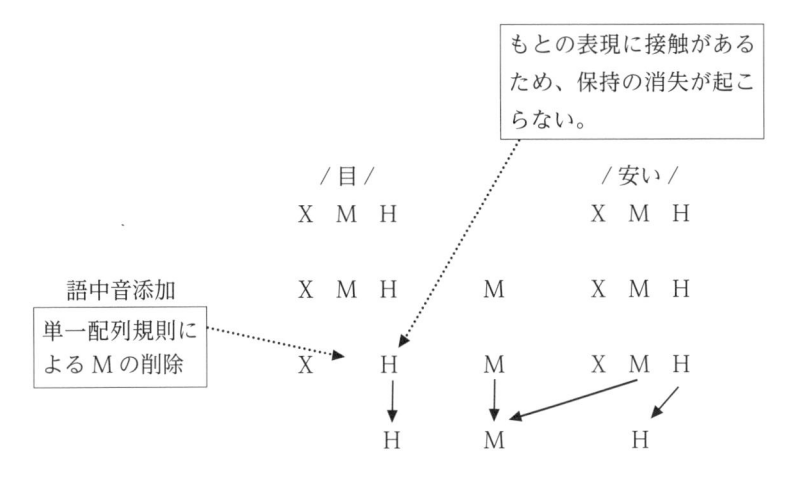

```
                                    もとの表現に接触がある
                                    ため、保持の消失が起こ
                                    らない。

              /目/              /安い/
              X M H             X M H

語中音添加     X M H      M      X M H

単一配列規則に
よる M の削除   X    H     M     X M H
                    ↓     ↓      ↓
                    H     M      H
```

図4　手話表現 /不注意/ が生じるプロセス

　この複合語ができるとき /目/ という単語にもともと含まれていた動き (M) がなくなっていますが、これは、単一配列の規則 (single sequence rule) にしたがって起こった変化です。単一配列の規則とは「ひとつの手話単語はひとつの動き (M) を持つ」というものです。

この / 不注意 / という複合語に見られる意味の変化については、第 2 章でより詳しく解説します。

7. 両手を使う手話とバチソンの制約

　ストーキーの分析に影響を受けて、1970 年代も手話の音韻の研究が活発に行われました。その中でも、バチソン (Battison 1973) の両手手話の音韻的制約は現在でもよく引用されます。

　バチソンの制約にはふたつあります。「対称性の条件 (Symmetry Condition)」と「利き手に関する制約 (Dominant Condition)」です。対称性の条件とは、両手が同じ手型の場合は、手の動きが同じ、もしくは交互に動くというルールです。ここで「同じ動き」というのはまったく同じ動きということもありますし (/ 銀行 /)、鏡に映ったような対照的な動き (/ 仕事 /) でもよいということです。

/ 銀行 /　　　　　/ 仕事 /

両手の形が同じで、交互の動きを示すものには / 手話 // 比較 / などがあります。

/ 手話 /　　　　　/ 比較 /

　ふたつ目の「利き手に関する制約」は、利き手が非利き手に向かって動く両

手手話の場合は、非利き手の形は無標手型に限られるというものです。日本手話の例としては / 目的 // 決める // たとえば / などがあります。

/ 目的 /　　　　　　　/ 決める /　　　　　　/ たとえば /

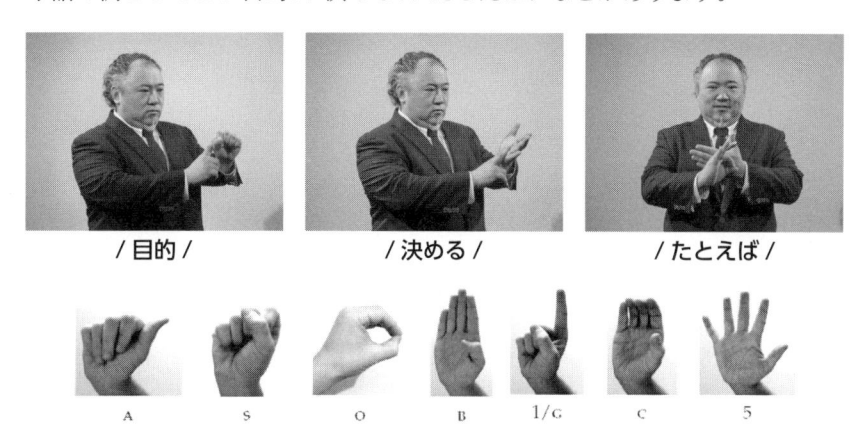

A　　S　　O　　B　　1/G　　C　　5

図5　アメリカ手話の7つの無標手型 (Henner, Geer, and Lillo-Martin 2013)

「無標(むひょう)」というのは、「単純な形、基本の形 (特別なルールが必要ない)」です。上の7つの無標手型は、アメリカ手話の研究で提案されているものです。これらの手型は、ろう児の手話の発達でも早期に使われることがわかっています。

　バチソンの制約はネイティブサイナーの直感をうまくとらえています。このような制約があるということは、手話には(話者が意識していなくても)音声言語と同様の音韻規則が存在することを示しています。

8. おわりに

　ストーキーが発見し、記述した手話の音韻パラメータには大きな意味がありました。手話の単語は音声言語の単語と同じように、意味を持たない小さな部品の組み合わせで構成されており、その組み合わせや変化には、規則性があることが明らかになったからです。つまり、手話が図像的なジェスチャーを並べたものではないという事実がはっきりと示されたのです。その後、MHモデルをはじめとする様々なモデルが提案され、手話の音韻については、より詳しい記述や分析が可能になっています。

この章のまとめ

- 手話表現は小さい部品(パラメータ)に分割できる(「手型」「位置」「動き」「手のひらの向き」)
- ストーキー法には問題があり、MHモデルが提案された
- 手話には様々な音韻変化がある(同化・保持の消失)
- 両手を使う手話にはふたつの制約がある

もっと詳しく知りたい人のために

【音韻パラメータについて】

音声言語の音韻論の「調音位置」に[唇性(labial)][舌頂性(coronal)][舌背性(dorsal)]などの素性があるように、手話音韻論では、「位置」の「音韻パラメータ」として、「こめかみ」「頬」「胴」などがあるというのがより正確な比較の仕方ということになります。本文で扱った /kata/ と /kasa/ の例では、/t/ と /s/ が「丸ごと」異なっているのではなく、「調音方法に関わる素性」である[継続性(continuant)]において異なっています。

音韻素性	/t/	/s/
子音性	+	+
共鳴性	−	−
鼻音性	−	−
有声性	−	−
調音位置	歯茎	歯茎
継続性	−	+

図6 /t//s/の音韻素性

このように考えれば、手話言語の場合も音声言語の場合も、いくつかの「部品」が同時に具現化することがよりはっきりとわかります。

【近年の手話音韻論のモデル】

　この章で紹介した MH モデルは記述力が非常に高いですが、それゆえの問題点もあります。まず手話の音韻の性質はバラバラに存在するのではなく、一部の性質は他と強い関連性を持っています。さらに、MH モデルでは指文字では区別できない微妙な指の曲げ伸ばしなどの手型の違いや、手話の音韻に重要な空間情報（体からの遠近など）がうまく記述できません。MH モデルに関する近年の文献にはジョンソンとリデル (Johnson and Liddell 2011) がありますが、それ以外にも「手の階層 (Hand Tier) モデル」(Sandler 1986) や「韻律 (Prosody) モデル」(Brentari 1998) など、素性間の関係に注目したモデルが提案されています。

【手話の「音節」について】

　手話単語は H と M で構成されます。それが音声言語の子音 (C) と母音 (V) に対応するかについては、これまでにもたくさんの議論がなされていますが、はっきりした結論は出ていません。この問題を考える際に重要な点は、手話言語の大多数の単語が単一ユニット構造 (HMH、XMH など) を持つことです。なぜこのような違いが生じるのかは、手話が複数の発声器官を持つことによる同時性とも関連していると考えられています。手話の音節に関する詳しい議論についてはサンドラーとリロマーティン (Sandler and Lillo-Martin 2006)、ブレンターリ (Brentari 1998) を参照してください。

第2章

手話の形態

1. はじめに

　「語」にはそれ以上分けることができないものの他に、形態素という小さい部品が集まってできたものがあります。形態素というのは「意味をもつ最も小さい単位」で、形態素が組み合わされて語ができるときには、いろいろな規則性が見られます。複数の形態素が集まった語のタイプには、大きく分けて「語基と接辞からできる語（派生・屈折）」と「語と語からできる語（複合語）」があります。この章では、まず音声言語と手話言語の例を見ながら、これらの語のタイプについて解説します。そして、数の表現や指文字（の一部）が手話単語に組み込まれる例を紹介します。最後に、一部の手話動詞に見られる「一致現象」を取り上げ、それを取り巻く議論について解説します。

2. 語基と接辞からできる語

　「語基」に「接辞」をつけることで、新しい語が作り出されることはよくあります。これを派生といいます。日本語の「大きさ（大きい＋さ）」は派生語の例です。それとは異なるタイプとして、「食べた（食べ＋た）」「生徒

たち（生徒＋たち）」のような屈折（語形変化）の例もあります。派生も屈折も、語基と接辞の組み合わせからできているのですが、このふたつの一番の違いは、派生は品詞を変える場合があるのに対して、屈折は品詞を変えないことです。

　世界の言語には、もとの単語の音の一部を繰り返すこと（重複）で意味が異なる派生語を作るものがあります。たとえばインドネシア語の ibu（母親）- ibuibu（母親たち）という例では、「ibu」という音を2回繰り返すことで、複数形の意味が表されています。またタガログ語では sulat（勉強する）- susulat（勉強する・未来形）のように、動詞の語幹の一部が重複することで未来の時制が表されます。

　手話言語にも重複による派生語はありますが、品詞が変化する点が、音声言語とは異なります。ここでは、第1章で取り上げた MH モデルを使って構造を示します。名詞／いす／は小さい動きが繰り返されますが、動詞／座る／は、やや大きめの1回の動きで表されます。

（1）a. いす（名詞）　H M X M X M H
　　　b. 座る（動詞）　H M H

このような動詞と名詞のペアは他にもあります。

表1　日本手話の名詞と動詞のペア

名　詞	動　詞
車	車で行く
電灯	電気をつける
ドア	ドアを開ける・ドアを閉める

アメリカ手話にも同じ現象があります。

表2　アメリカ手話の名詞と動詞のペア

名　詞	動　詞
CHAIR（いす）	SIT（座る）
STORE（店）	SELL（売る）
NEWSPAPER（新聞）	PRINT（印刷する）

手話の場合は音声言語とは違って、重複が派生接辞のような働きをしていますが、音声言語の屈折現象と同様に、重複の有無と語の性質との間に規則的な関連性があることが観察できます。ただし重複によって品詞が変わる手話単語は決して多くはありません。/ 教える / と / 教師 / のように、品詞が違っていても同じ表現が使われる例も多くあります。

　新しい語ができるときには、派生以外のプロセスも観察されます。次の節では、語と語の組み合わせからできる「複合語」の例を取り上げます。

3.　語と語の組み合わせでできる語（複合語）

　複合語とは「語」と「語」が組み合わされて生じる語のことです。日本手話でも日本語でも同じように扱える複合語には「ろう学校（ろう＋学校）」「手話ニュース（手話＋ニュース）」「海外旅行（海外＋旅行）」などがあげられます。これらの複合語で観察できることは、意味の中心（主要部）が一番右の語にあることです。「ろう学校」は「学校」の一種ですし、「手話ニュース」は「ニュース」の一種です。3つの語が組み合わされた場合でも、一番右の語が全体の意味の中心になります。「ろう教育大会」はろう教育をテーマとする「大会」のことです。

　複合語ができるときには、音韻と意味に変化が起こる場合があります。音の変化を考えて見ましょう。たとえば日本語の例では「植木（うえき）」＋「鉢（はち）」→「植木鉢（うえきばち）」のように、二番目の語の「鉢（はち）」の最初の音が「は」から「ば」に変化します。意味の変化の例としては「黒板」が知られています。この語はもともと「黒」＋「板」の組み合わせで作られた複合語ですが、「黒板」は単なる「黒い板」ではありません。黒くない

黒板もあります。また「黒板」とは「教室や会議室などで、チョークを使って文字を一時的に書くことで、人にものを説明するときによく使われる黒や濃い緑の板」ですが、これらの意味は「黒」や「板」の意味だけから推測することはできません。複合語ができる過程で別の意味が加わっていることがわかります。

手話言語の複合語においても、「音韻」「意味」の変化を観察することができます。/知識/+/ゼロ/(無知)という複合語を考えてみましょう。/ゼロ/の位置は、通常の中間位置(利き手側の胸の前)ではなく、最初の語(/知識/)の位置である額に変化しています。また/知識/の手型は「チ」手型から「オ」手型に変化しています。これらは第1章で扱った「同化」の例です。またふたつの語の切れ目がなくなり、動きが一体化しています。つまり、ふたつの語がひとつの複合語に変化していることが、位置や動きの変化からわかるのです。

/知識/	/ゼロ/	/無知/

第1章で考えた/よろしくお願いします/も、ふたつの語ではなくひとつの手話表現(語)になっています。これは複合語化にともなう保持の消失が起こった結果です。日本語では類似の表現を「よろしく」「お願いします」とふたつの単語を使って表現するために、日本手話の初心者がこの手話表現をひとつの手話表現としてうまく表せないことがよくあります(岡・赤堀 2011)。

次に、別の複合語の例/目/+/安い/→/不注意/を考えてみましょう。

この表現でも保持の消失や語中音添加（第1章を参照）が起こって、動きが一体化しています。

/目/　　　　　　　　　/安い/　　　　　　　　　/不注意/

次に、この複合語の意味の変化を考えます。音声日本語で「目が安い」といわれても、母語話者には何のことかわからないでしょう。「目」と「安い」の意味を単純に組み合わせるだけでは、日本手話の表現の意味を推測することはできないからです。日本手話ではこれは「不注意・うっかり」と同じ意味になります。逆に/目/+/高い/という複合語の意味は「よく注意する、注意深く見る」という意味です（音声日本語の「目が高い」という慣用表現とは意味が違います）。このように、手話の複合語にも「黒板」と同じような意味の変化が起こることがあります。

練習問題1

次の複合語に見られる変化はどのようなものでしょうか。音の変化はDVDを参照してください。意味の変化は、（　）内の日本語訳を参照してください。日本語の類似の表現との意味の違いも考えてみましょう。

(a) /頭/+/聴/　　（聴者のような考え方をするろう者）
(b) /腹/+/痛い/　　（お金がかかる）
(c) /鼻/+/高い/　　（嗅覚が鋭い）

4. 数字や指文字が含まれた手話単語

　日本手話の語の中には、数字や指文字が組み込まれてひとつの単語となって表されるものがあります。ここではそれぞれのタイプの例を簡単に紹介します（指文字の一覧表は、参考資料にあります）。

4.1　数字が入った手話単語

　手話言語には、数字が組み込まれた表現がよくみられます。日本手話の /年/ や /時間/ という手話表現は両手を使いますが、利き手が数字の手型を示すことによって「数字＋単位」がひとつの表現で表されます。

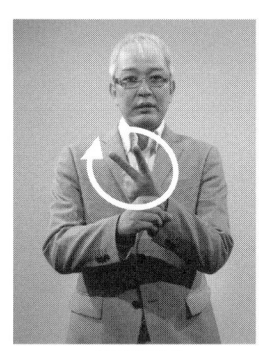

/3日間/　　　　　　　　/2時間/　　　　　　　　/4年/

　どの数字がどの手話単語に組み込めるかについては、手話言語の中でも異なっています。アメリカ手話の場合は、手話単語に組み込むのは 1 から 9 までの数字という観察があり、これは "Rule of 9" と呼ばれています。日本手話の場合は、1 から 10 の数字に加えて、10 の倍数（20・30・40など）を組み込める例が多いようです。しかし週・日・年齢のように、比較的小さい数字（1 ～ 5 など）が好まれる場合もあります。数字が組み込めない場合は、/15//年/ のように、数字と単位のふたつの手話表現を並べて表します。

4.2　指文字が入った手話単語

　日本手話の母語話者は、指文字よりも手話単語をより多く使いますが、一部の指文字が手話単語に変化したと考えられる例も多く存在します。指文字

がそのまま残っている例には/ムリ//ムダ/があります。/ムリ/の場合は指文字の「ム」「リ」を別々に表すのではなく、ふたつの指文字の手型が合わさったような手型が生じ、そのうち人差し指と中指の2本が「リ」のように下に動きます。手話単語化した表現では、この/ムリ/の例のように、短い動きが小刻みに繰り返されます（DVDの動画を参照してください）。単に指文字を並べることで単語を示す場合は、特別な動きが加わることはありません。

指文字「ム」　　指文字「リ」　　/ムリ/

　もっと多い例は、指文字の一部（多くの場合は最初の文字）が手話単語に組み込まれるものです。ここでは/ストレス/の例をみてみましょう。指文字「ス」がお腹の位置から体に接触したまま上方向に移動しています。

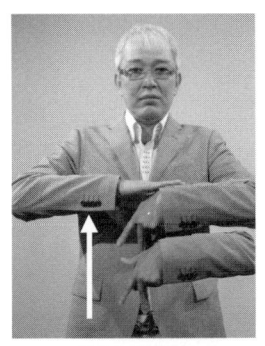

/ストレス/

このような語は自由に作られるわけではなく、何らかの音韻的な制約が存在すると思われます。たとえば/ストレス/の場合は、利き手が体に接触していないと「正しい形ではない」「手話表現としておかしい形」とネイティブサイナーに判断されます。両手手話に指文字が取り込まれる場合でも、第1章で扱った「バチソンの制約」が破られることはありません。たとえば/レポート/では非利き手は基本手型(平手のような形)をとっていますし、/チーム/では両手が対称的に(ここでは鏡に映ったような形で)移動しています。

/レポート/ /チーム/

　他の音韻的パターンとしては、最初に出てくる指文字(頭文字)を顔のあたりで円を作るように回転するものがあります。/トマト//アジア/などがその例です。

/トマト/ /アジア/

手話言語の音韻規則に合っていない指文字単語は、日本手話のネイティブサイナーには「まったく不自然」「意味がわかりにくい」と感じられ、日本手話の単語として使われるようにはなりません。

指文字が取り込まれて手話単語になると、指文字だけでは表現できない情報を示すことができるようになります。たとえば／キス／(キスする)には指文字「キ」が取り込まれていますが、自分以外のふたりのキスを表すときは両手で、自分が誰かにキスしたり、されたりする場合には手のひらの方向を変えて、片手で表すことができます。

／キス／両手 　　　／キス／自分から 　　　／キス／自分に

つまり、／キス／という語をひとつ表すだけで、「誰が」「誰に」キスをしたかも一度に表されるということです。

／キス／のように「誰が」「誰を(誰に)」を一度に表現できる動詞は手話言語学では「一致動詞」と呼ばれます。一致動詞は世界の手話言語に多く見られる表現で、その文法的な性質については、たくさんの研究があります。この章の最後のセクションでは、一致動詞の基本的な性質と、その分析について簡単に説明します。

5. 手話言語の動詞のタイプと一致現象
5.1 3種類の動詞

手話言語の動詞は大きく3つに分けられます。1つ目は「無変化動詞」と呼ばれる動詞で、多くの動詞がこのタイプに分類されます。／待つ／／調べ

る // わかる // 買う / などが典型的な例です。これらの動詞については、「誰が」「誰を・誰に」という情報は、別の語で表す必要があります。下の例文は「山田が靴を買う」という意味の手話文です。

| /山田/ | /靴/ | /買う/ |

2つ目のタイプは「空間動詞」です。/行く // 来る // 引っ越す / など、「場所」の情報が含まれる動詞のことです。下の例では、どこからどこへ人が移動したかという情報が、手話表現の一部として表されています。

| /山田 | 来る/ |

/山田/　　　/行く/

次の/引っ越す/は、目的語をとらないので自動詞であることがわかりますが、この語は空間動詞ですので、空間を使った表し方によって「どこからどこへ」引っ越したのかが表現できます。たとえば下の例が連続して表された場合は、ある人物が引越しを繰り返して3つの場所に住んだことがわかります。

/ₐ引っ越すᵦ/　　　/ᵦ引っ越す꜀/

3つ目の動詞タイプが「一致動詞」です（市田 2005, 岡・赤堀 2011, 木村 2011）。音声言語にみられる「一致」が手話言語に存在するかどうかについては、現在に至るまで様々な議論があります。

まず音声言語の例を見てみましょう。たとえばイタリア語の動詞は、主語の数（単数・複数）や人称によって形が変化します。この動詞変化のパターン

を、主語と動詞の一致といいます。

表3　イタリア語の主語と動詞の一致

	単数形	複数形
一人称（私）	Io parlo （私が話す）	Noi parliamo （私たちが話す）
二人称（あなた）	Tu parli （あなたが話す）	Voi parlate （あなた達が話す）
三人称（彼・彼女・それ）	Lui/Lei parla （彼／彼女が話す）	Loro parlano （彼らが話す）

　手話言語の一致動詞の特徴は、利き手がどの位置からどの位置へ移動するかによって、「誰が」「誰を・誰に」という情報が動詞の一部として表されることです。このグループに入る動詞の例は／言う／／あげる／／助ける／などです。以下の3つの／あげる／では、「あの人があの人にあげる」「私があなたにあげる」「あの人が私にあげる（＝日本語の「くれる」）と、まったく別の意味に解釈されます。

／$_a$あげる$_b$／ 　　　／$_1$あげる$_2$／ 　　　／$_3$あげる$_1$／

「あげる人」と「もらう人」が実際にどの位置にいるかということは、一致動詞の使い方とはまったく関係ありません。一致動詞は、その場にいない人の情報を含めて伝達することが可能です。つまり、手話の一致動詞は、手話話者が空間を「絵のように使う」のではなく、抽象的な言語概念（主語や目

的語）を表すために空間を利用していると考えられます。その分析を裏づけているのがアメリカで脳に損傷を負ったろう患者の空間の使い方（空間利用）の研究です。

　以下の例は、ポイズナーほか（Poizner et al. 1987）の著書で紹介されているものです。この患者（ブレンダ・I）は右脳に損傷を受けています。図1でわかる通り、ブレンダ・Iは、左側の図にあるように、部屋の家具を空間に配置するタスクはうまくできませんでしたが、右側の図でみられるように一致動詞で使われる空間の使い方を理解することには問題がありませんでした。

図1　右脳を損傷したろう患者の空間の認識
（出典：Poizner et al. 1987　210ページ 8.9図）

このような観察から、イメージを描写するための空間利用と、一致動詞の空間利用はまったく別のものと脳が認識していることがわかります。

5.2　手話の「一致現象」を巡る議論

　一致動詞には、音声言語における「主語」と「目的語」に関する情報が含まれていると考えることができます。そのため、手話の一致動詞は音声言語で観察される一致と比較される形で論じられてきました。手話の一致動詞でも、主語が誰を指すかに応じて利き手が動き始める位置が変わるために、音声言語と同じような一致があると考えられてきたのです。しかし、手話言語の一致動詞と音声言語の一致現象を比較してみると、違いがあることもわか

ります。

相違点1：手話の場合は、動詞によって一致があるかないかが決まっています。これは音声言語の一致との最も大きな違いといえるでしょう。音声言語にみられる主語と動詞の一致では、動詞の種類は関係ありません。ほぼすべての動詞が主語の数や人称に応じて変化します。

相違点2：手話言語の動詞の場合は、一致する場所が無限にあることも指摘されてきました。音声言語の場合は「単数・複数（言語により他の数が加わる場合もあります）」「人称（一人称・二人称・三人称など）」「性（男性・女性・中性など）」のように、一致を起こす要因となっている性質は、バリエーションが限られています。手話ではそうなっていません。一人称（私）だけははっきりと判断できますが、二人称や三人称は、状況によって使われる空間位置が柔軟に変化します。

相違点3：手話の一致動詞には、主語と目的語の両方の情報が表現できますが、早く話す場合に見られる「弱まった」手話表現では、主語位置がはっきり表されず、目的語への一致が優先される傾向があります。音声言語では主語と動詞の一致が主要なパターンで、目的語の一致があって主語の一致がないような例はほとんど見られません。

以上のような相違点にもとづき、リデル（Liddell 2000）は、手話の一致は、言語学的な現象ではなく言語外の現象である、つまりジェスチャーのようにイメージする相手を想像して手を動かした結果であると考えました。リデルは、相手が背が高いか低いかなどの「イメージ」が一致動詞の空間位置に影響することは頻繁に見られることも、一致動詞のジェスチャー的な性質であると論じました。

　それに対して、リロマーティンとマイアー（Lillo-Martin and Meier 2011）は、手話の一致動詞に含まれている代名詞は、音声言語の代名詞の性質に指さしジェスチャーが加わったものであると考えました。文法的な性質は代名

詞の部分（例えば英語の代名詞"he"が実際に誰を指すのかについては、文脈や状況によって様々な可能性があります）、そしてジェスチャー的な性質は指さしジェスチャーに由来する結果、一致動詞の例は、抽象的な性質とジェスチャー的な性質を併せ持つと考えたのです。

　その考え方を支持する例として、マイアー（Meier 1990）は、一致動詞の目的語が一人称のときだけ形が変わる動詞があることを指摘しています。下の例はアメリカ手話の一致動詞 CONVINCE（説得する）です。上の写真は辞書形ですが、下の例（誰かが私を説得する、私が説得される）では、辞書形を単純に逆向きにした形ではなく、予想がつかない形に手話表現が変化しています。つまり、これは動詞の不規則変化ととらえることができます。

a. CONVINCE (citation form)

b. CONVINCE-1 'convince me'

アメリカ手話 CONVINCE の不規則変化（Meier 1990）

このような不規則動詞の存在は、手話言語にみられる「一致」が単なるジェスチャーとは異なることを示しています。

6. おわりに

　この章では、手話の「語」にどのような性質があるのかを解説しました。

まず手話の語にも音声言語の場合と同じように語基と接辞の組み合わせで別の語ができる例（重複による品詞の変化）を示し、次に手話の複合語ができるときにも「音韻の変化」「意味の変化」が起こることを説明しました。数字や指文字が手話単語の一部になる場合も規則的なパターンが観察できます。最後に手話言語の一致現象を取り上げ、この現象についてどのような分析があるかを紹介しました。ここで見てきたいろいろな語の成り立ちを考えても、手話の語は単なるジェスチャーとは異なっていることがわかるのではないでしょうか。ただ、手話には「CL」という、音声言語とは少し性質が異なる表現があり、CLが語の一部に取り込まれる例もたくさんあります。CL表現については、第5章で扱います。

> **この章のまとめ**
> - 手話言語では重複により品詞が変わる語がある
> - 複合語ができるときには「音韻」と「意味」の変化がある
> - 数字が手話単語の中に含まれることがある
> - 指文字からできた手話単語がある
> - 手話の動詞には3つの種類があり、一致動詞の性質について議論がある

もっと詳しく知りたい人のために

【指文字を含む手話表現の近年の研究】

アメリカ手話の研究では、指文字が含まれる手話表現を「外来語」と考えてその性質を探求している研究があります（Padden 1998, Brentari and Padden 2001 など）。

【手話の一致現象について】

手話の一致現象は、手話言語学で最もよく研究されているトピックのひとつです。手話の一致現象に関しては、マザーとラトマン（Mathur and Rathmann 2010）やリロマーティンとマイアー（Lillo-Martin and Meier 2011）

に関連する議論がよくまとめられています。パデン (Padden 1983) はよく知られた基本文献で、一致と空代名詞を関連させて論じたものでよく引用されるものにリロマーティン (Lillo-Martin 1991) があります。マザー (Mathur 2000) の博士論文では分散形態論の枠組みを用いて、4つの手話言語に見られる一致現象の分析が試みられています。アジアやヨーロッパの手話言語に見られる一致マーカー (AUX) は、動詞の一部ではなく独立した手指表現として現れますが、その記述や分析はフィッシャー (Fischer 1996)、クアドロス (Quadros 1999) にみられます。川崎 (2015) は最適性理論を用いた分析を提案しています。

【手話の失語症について】

手話の失語症 (脳の損傷で起こる言語障害) については、Poizner, Klima, Bellugi (1987) の翻訳 (ポイズナーほか 1996) があります。日本手話を扱った脳科学研究にはサカイほか (Sakai et al. 2005) があります。

第3章

手話の統語

1. はじめに

　第1章と第2章では、手話の「音韻」「形態（語のしくみ）」を考えました。音韻のユニットが集まって語ができ、語が集まって文ができます。以下の図にあるように、手話においても「音のレベル」「語のレベル」「文のレベル」の3つのレベルがあることが観察できます。このように、ある表現が異なるレベルで分析可能である性質を二重分節性といいます（第1章参照）。分節性は、人間言語の特徴のひとつです。

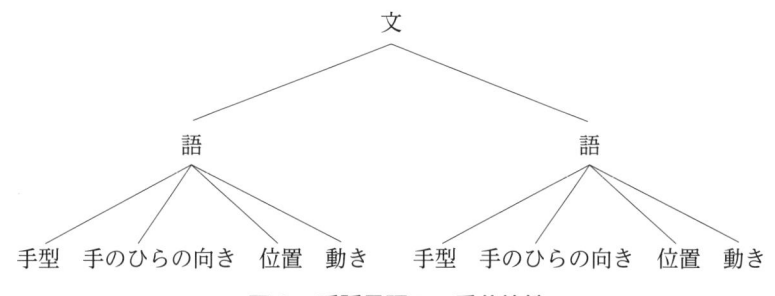

```
              文
         ／      ＼
        語        語
    ／ ／ ＼ ＼  ／ ／ ＼ ＼
  手型 手のひらの向き 位置 動き  手型 手のひらの向き 位置 動き
```

図1　手話言語の二重分節性

この章では、文のレベルに注目します。まず「構造」の考え方を説明し、日本手話に見られるいろいろな文のタイプ（構文）を紹介します。手話言語の文法を考えるときに特に重要なのが「NM表現(Non-manual expressions, NMM, NMS 非手指表現)」です。後半ではNM表現が担う様々な文法的性質について解説します。

2.「構造」の考え方と構造依存性
2.1 人間言語にみられる「構造」

　語が集まって文ができるときには、決まった文法のパターンがあります。また、語と語が集まって固まり（構成素）を作り、さらにその構成素に別のものが加わることでさらに大きな構成素が生じます。小さいものが左から右に一列に並んでいるのではなく、図2のように「固まり」の考え方を用いて、構成素の間の関係に注目するのが、構造に注目するものの見方です。

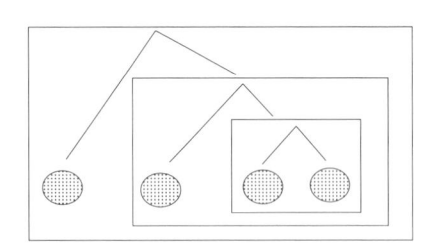

図2　構造を示した図の例

人間言語の文法パターンには、構造にもとづいて決まっているものがたくさんあります。

　たとえば、以下のような名詞句の意味を考えてみましょう。ここでは日本手話の例を使いますが、日本語の類似の表現（「大きい白い犬の家」）でも同じ観察ができます。

（1）／大きい　白い　犬　家／

この名詞句には3つの解釈があります。

解釈1：犬が大きくて白い（家の詳細は不明）
解釈2：犬の家が大きくて白い（犬の詳細は不明）
解釈3：犬が白い、家が大きい

しかし、以下の解釈は不可能です。

不可能な解釈：犬が大きい、家が白い

可能な解釈と不可能な解釈は、どこが違っているのでしょうか。以下の図で示したように、可能な解釈にはすべて入れ子構造がみられます。

```
┌─────────────────────────┐
│┌───────────────┐        │
││ 大きい  白い   │ 犬  家 │
│└───────────────┘        │
└─────────────────────────┘

┌─────────────────────────┐
│┌───────────┐ ┌────────┐ │
││ 大きい 白い │ │ 犬  家 │ │
│└───────────┘ └────────┘ │
└─────────────────────────┘

┌─────────────────────────┐
│        ┌──────────────┐ │
│ 大きい │ 白い  犬  家  │ │
│        └──────────────┘ │
└─────────────────────────┘
```

しかし、不可能な解釈には入れ子構造がありません。

大きい ─ 白い ─ 犬 ─ 家

入れ子構造では、構成素同士が異なる層（階層）を作り出すように重なっています。このように、人間が言語で表現し、理解するときには、無意識のうちに構造の概念が使われているのです。この性質を「構造依存性」といいます。

　文の構造を簡略化して示したものが以下の図3です。主語は目的語よりも階層構造を見ると「高い」位置に生じています。主語や目的語といった文法的な役割は、このように構造上の性質によって定義できます。そうすれば、日本手話や中国語のように語形の変化が少ない言語でも、英語や日本語

のように語形の変化が観察できる言語でも、自然言語に共通して見られる文の要素として、主語や目的語を分析対象にすることができます。

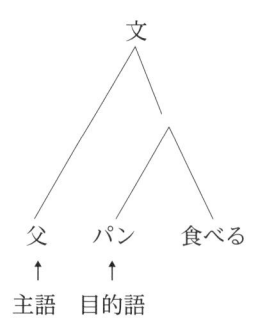

```
            文
       ／   │   ＼
      父   パン   食べる
      ↑    ↑
     主語  目的語
```

図3　文の構造の例

練習問題1

以下の表現には複数の意味があります。考えてみましょう。

(a)　/ きれい　箱　ふた /
(b)　/ 山田　昨日　田中　車　買う　いいふらす /

2.2 文末コピー

　上で述べた主語の性質がよく現れているのが、手話言語の「文末コピー」です (木村2011, 岡・赤堀2011)。以下の文(2)を考えてみましょう。PTは指さし (pointing) を示す記号です。PT1は「一人称(私)」PT2は「二人称(あなた)」PT3は「三人称(それ以外の人や物)」をさします。手話言語においては、話をしている相手(あなた)がどこにいるかによって指す場所が変わります。そのため、指さしの二人称と三人称の違いを、空間を用いてはっきり区別することはできません。

　(2)の文の最後の指さし(PT3)は主語の「田中」と同じ人を指しています。これが「文末コピー」です。日本手話には動詞の時制を示す表現はありませんので、日本語訳も文脈に応じて過去・非過去で示します(時制表現がないことは他の手話言語でも多く観察されています)。

(2) /田中　パン　食べる　PT3/　　（田中さんがパンを食べます）

　　/田中　　　　パン　　　　食べる　　　　PT3/

　日本語を含む音声言語には「自他交替」といわれる現象があります。「自動詞」とは目的語をとらない動詞、「他動詞」とは目的語をとる動詞です。たとえば「(Xが)破れる」は自動詞、「(XがYを)破る」は他動詞です。日本手話では両方とも同じ形の動詞が使われますが、以下のように文末コピーを用いれば、自動詞と他動詞に対応する意味を伝えることができます。(3a)では文末コピーがPT2（あなた）をさしているので、二人称（あなた）が主語であることがわかります。それに対して、(3b)では文末コピーが三人称ですので「私」や「あなた」ではない人やものが主語ということになります。この文脈では「本」ということになります。

　日本語訳でわかるように、文末コピーがあれば、動詞が（日本語でいうところの）自動詞の意味で使われているのか、他動詞の意味で使われているのかを区別できます。

(3) a. /PT2　本　破る　PT2/　　（あなたが本を破りました）
　　 b. /PT2　本　破る　PT3/　　（あなたの本が破れました）

| /PT2 | 本 | 破る | PT2/ |

| /PT2 | 本 | 破る | PT3/ |

　日本手話でも日本語と同じように、主語が誰かわかるような文脈があれば主語は省略できます。その場合でも文末指さしを使うことができます。

　（4）a．/パン　食べる/　　（パンを食べます）
　　　 b．/パン　食べる　PT3/（パンを食べます）

(4b)は一見「目的語−動詞−主語」のように見えます。このような文があるために、手話には安定した文法がないと誤解されることもありました。しかし実際には、(4a)と同じく、文脈からわかる主語が省略されているだけで、基本語順である「主語−目的語−動詞(−文末コピー)」のパターンに変化はありません。

3．日本手話の否定表現

　日本手話には、使い方が異なる様々な否定表現があります（市田2005, 岡・赤堀2011, 木村2011）。日本語ではすべて「〜ない」で表される内容でも、日本手話の場合でははっきり区別をするということです。最も標準的

な否定表現「ない」は両手を体の前で向かい合わせて細かく振る表現です。この否定表現を NEG-1 と呼びます。この表現は、独立して使う場合は人や物が「存在しない」という意味になりますし、動詞と組み合わせて否定の形を作ることもできます。

（5）a. /パン　NEG-1/　　　　　（パンがない）
　　　b. /田中　パン　食べる　NEG-1/（田中がパンを食べない）

/パン　　　　NEG-1/

/田中　　　パン　　　食べる　　　NEG-1/

　それとは別に「意思の否定」を表す表現（NEG-2）があります。これは片手を顔の前で左右にふるという形で表されます。手のひらの向きは非利き手向きまたは外向きです。日本語の「～する意思がない」「～食べる習慣がない」「～が苦手」に近い意味です。（　）内の訳を見ればわかるように、日本語では NEG-1 と NEG-2 は区別されません。

（6）/田中　パン　食べる NEG-2/　（田中がパンを食べない）

/田中　　パン　　食べる　　NEG-2/

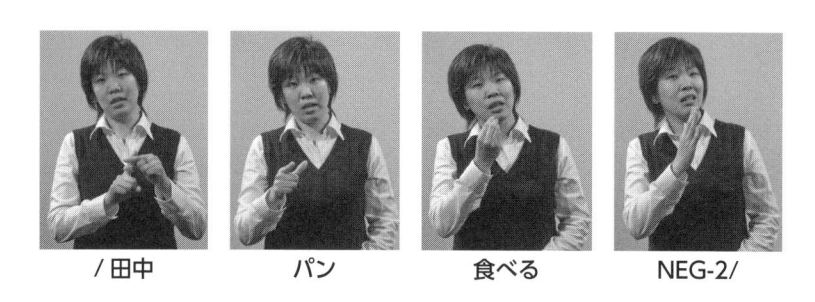

　3つ目の表現は「レ」手型を左右に細かくふる形です。ここではNEG-3と呼びます。これは単独で使えば「違う」「そうではない」と意味になります。以下の例(7)にあるように、名詞や形容詞と組み合わせて、その内容を否定することも可能です。

　(7) a.　/田中　NEG-3/　　（田中さんではない）
　　　 b.　/赤い　NEG-3/　　（赤くない）

/田中 　　NEG-3/

/赤い 　　NEG-3/

NEG-3は文の内容を否定するときにも使われます。前に出てきた文を否定し、修正するような文脈です。

(8) a. /学生　来る　NEG-1/　(学生が来ない)
　　 b. /学生　来る　NEG-3/　(学生が来るのではない)

NEG-3 は聞き手に情報を確認するような場合でも使えます。このような場合は利き手がくるっと半回転させるような動きが観察されます。

(9) /学生　来る　NEG-3/　(学生が来るんじゃない？/学生が来るんでしょう？)

NEG-4 は両手の握り拳を上方向に動かしながら開く表現です。「パー」という口型がつきます。聴者のジェスチャーの「パーになる」という表現に形が似ていますが、意味は異なっています。日本手話では「(～する能力がないため)できない」という解釈になります。

(10) /田中　英語　読む　NEG-4/ (田中は英語が読めない/英語を読む力がない)

| /田中 | 英語 | 読む | NEG-4/ |

これまで、4つのタイプの否定表現を紹介しました。それらとは別に、否定の意味が単語の一部に組み込まれている手話表現もあります。以下にその例を示します。

/ 必要 / / 不要 /

/ 好き / / きらい /

/ できる / / できない /

/ まだ〜ない /

> **練習問題 2**
> 音声日本語の「まだ」には「まだ〜ない(例:まだ家に帰っていない)」「まだ〜する」(例:まだ学校にいる)というふたつの使い方がありますが、日本手話ではどうでしょうか。比較してみましょう。(手話の知識がない人は、日本手話をよく知っている人と一緒に考えてみましょう)

　日本手話の否定表現には、左右の首ふりや、頭を前に突き出したり後ろに引いたりするような NM(非手指)表現がともないますが、その有無や形には、話者や状況によってばらつきがあります。また、アメリカ手話では首ふりが複数の手話表現や文全体に広がることがありますが、日本手話の首ふりの使い方は必ずしもそれらと同じではありません。

　このセクションでは「首ふり」という NM(非手指)表現が出てきました。次の節では、疑問文で NM 表現が重要な役割を果たしていることを説明します。

4. NM(非手指)表現といろいろな手話構文

　NM (non-manual, 非手指表現) とは、手や指以外の体の部分を用いる表現です。非手指表現には NMS (non-manual signals)・NMM (non-manual markers)といろいろな呼び方がありますが、ここでは「NM 表現」で統一します。NM 表現には以下のようなものが含まれます。(口型については、第 4 章でも扱います。)

　　眉(上げ・寄せ)　　　　頬(ふくらみ・すぼめ)
　　目(見開き・細め・視線)　舌(舌だし・動き)
　　あご(動き)　　　　　　頭(うなずき・動き)
　　口(口型)　　　　　　　肩(広げ・すぼめ・動き)

NM表現の多くは、手話言語の文法で重要な役割を果たしています。しかし、音声言語では顔の動きは文法とは直接関係なく、主に感情表現に使われているため、聴者の間でNM表現の文法的役割は見過ごされ「ろう者は表情が豊か」「手話は言語ではなく、独自の文法がない。顔の表情で文脈や情報を補う」などという無理解・誤解が生まれました。

しかし「表情」と「文法的なNM表現」には大きな違いがあります。まず、顔の表情の有無や強弱には個人差があります。聴者でもろう者でも「顔の表情が豊か」「無表情」などは、個性としてとらえられます。それに対して、手話言語のNMの有無に個人差はありません。NM表現がなければ、非文法的な文が生じるからです。つまり、以下の表1にまとめられるように、ろう者は聴者とは異なり、ふたつの目的で顔を使っているということになります。このふたつの顔の使い方が異なることは、手話失語の研究（Corina et al. 1999）やろう児の手話の発達（第6章参照）でも明らかになっています。

表1　ろう者と聴者にとっての顔の使い方

	感情表現　（顔の表情）	NM表現
ろう者	○	○
聴者	○	×

いま説明したふたつの「顔」の使い方は、聴者には想像しにくいかもしれませんが、声の抑揚、つまり上がり下がりや強弱と比較して考えるとよいのではないでしょうか。たとえば一般的に、日本語では声の上がり下がりや強弱は主に感情（気持ち）を表すという感覚を持っている人が多いと思います。そして声の抑揚の使い方には個人差があります。しかし中国語のような声調言語では、声は感情表現のためだけに使うのではありません。中国語などで使われる「声調」は語の意味を区別する働きを持っていますので、個人差があっては言いたいことが通じません。このように、言語が異なれば、「顔」や「声」が感情表現とは別の働きを担うことがあるのです。

第 3 章 手話の統語　65

　それでは、手話言語の NM 表現が持つ文法的な働きについて、いろいろな構文を見ながら考えていきましょう。

4.1　2 種類の疑問文

　日本手話の基本語順は S − O − V（主語−目的語−動詞）です（岡・赤堀 2011）。

　（11）／田中　パン　食べる／　（田中さんがパンを食べます）

「はい」または「いいえ」で答えられる疑問文、つまり YES-NO 疑問文では、語順は変わりません。文の最後に NM 表現（眉上げ、目の見開き、頭を前に突き出す）が生じます。以下の例では下線に q をつけた記号で表示しています。

　　　　　　　　　＿＿q
　（12）／田中　パン　食べる／　（田中さんがパンを食べますか？）

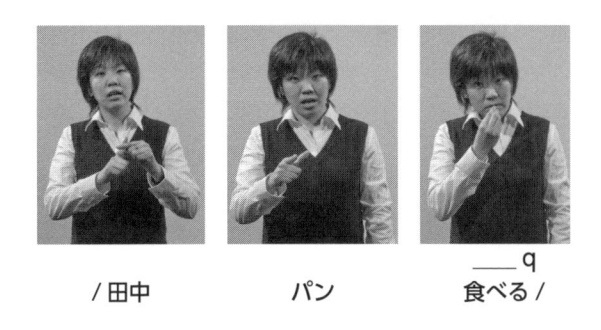

　　　　　　　　　　　　　　　　　　　　　＿＿q
　　／田中　　　　パン　　　　食べる／

　同じ疑問文でも、「誰」「何」「どこ」「いつ」「どうして」などの疑問詞が使われる Wh 疑問文は、Yes-No 疑問文とは違っています。Wh 句は文末に現れます。そして、Wh 疑問詞に独特の NM 表現が現れます。典型的な Wh の NM 表現は「目の細めまたは見開き、細かい横の首ふり」です。以下の例では下線に wh をつけた記号で表示しています。

                    ___wh
(13) /田中　食べる　何/　（田中さんが何を食べますか）

　　　　　　　　　　　　　　　　　　___wh
　　/田中　　　　食べる　　　　何/

                    ___wh
(14) /パン　食べる　誰/　（誰がパンを食べますか）

　　　　　　　　　　　　　　　　　　___wh
　　/パン　　　　食べる　　　　誰/

              ___wh
(15) /田中　パン　食べる　どこ/（田中さんがどこでパンを食べますか）

　　　　　　　　　　　　　　　　　　　　　　___wh
　　/田中　　　パン　　　食べる　　　どこ/

ここで重要なことは、Yes-No 疑問と Wh 疑問で、異なる NM 表現が現れることです。もし「疑問の顔の表情」をつけたいのであれば、2 種類の NM を区別する必要はありません。「何か知りたい表情」「困っている表情」をつければよいということになります。しかし実際には、Yes-No 疑問と Wh 疑問の NM 表現を交換したり、省略することはできません。そのようなことをすれば、文法的ではない文、つまり日本手話のネイティブサイナーには通じない文ができるだけです。

また、フィッシャーとゴン (Fischer and Gong 2010) は、Wh の NM 表現が文法的に大きな役割を果たしていることを報告しています。(16) のような語順は、ネイティブサイナーには文法的ではないと判断されます。

$$\underline{\qquad\quad}\text{wh}$$
(16) ＊/ 田中　何　食べる /

しかし、NM 表現が文全体にかかると、同じ語順が文法的になります。

$$\underline{\qquad\qquad\qquad}\text{wh}$$
(17) / 田中　何　食べる /

この観察は、Wh の NM 表現が単なる「顔の表情」ではなく、文法的な性質を持っていることをはっきりと示しています。

この節の最後に、手話言語独特の Wh 表現について簡単に紹介します。これは「Wh 分裂文(ぶんれつぶん)」と呼ばれるものですが、疑問文ではありません。疑問詞 (Wh) が文の途中に現れるのが特徴です。日本手話の場合は、Wh 疑問文と同じ NM 表現が疑問詞と同時に現れます。この構文では Wh 疑問詞と最後の手話表現 (答えの部分) に切れ目はありませんので、ひとつの文と考えられます。類似の構文は他の手話言語でも観察されています。

(18) a. /私　店　本　買う　いつ　昨日/ __wh

　　b. /昨日　私　本　買う　どこ　店/ __wh

　　c. /昨日　私　店　買う　何　本/ __wh

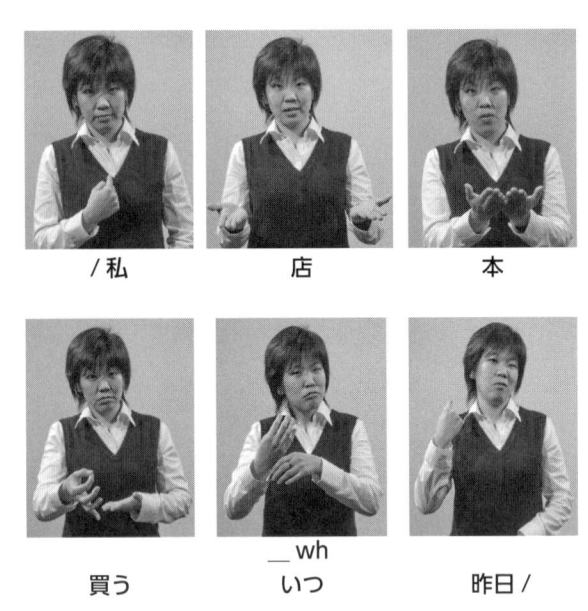

/私　　　　　店　　　　　本

買う　　　　いつ　　　　昨日/
　　　　　__wh

　この構文は一見、「私が店で本を買ったのはいつかというと、昨日です」という日本語の修辞疑問(しゅうじぎもん)のように見えますが、日本語の類似の表現とは違い、最後の部分（昨日）を強調するようなニュアンスは、日本手話にはありません。また、日本語では修辞疑問はどちらかといえば「もったいぶった」「フォーマルな」「固い言い回し」ととらえられますが、日本手話ではそうではありません。この構文はネイティブサイナーに非常に好まれる表現で、特に対話で多く使われています。これらの観察から、手話のWh分裂文には修辞疑問とは異なる意味的性質があることがうかがえます。

4.2 話題化文

手話言語では、話題が文の最初に現れることがよくあります。この場合には、話題の部分にNM表現が現れます。日本語の話題を示す助詞「〜は」と働きが似ています。典型的なNMは「眉上げ」と「目の見開き」です。また、話題の部分が終わった直後にうなずきが入ります。以下の例では、目的語(パン)、主語(田中)、動詞句(パン　食べる)のそれぞれが話題化され、文頭に現れています。

(19)　　＿t
　　a. ／パン　田中　食べる／　（パンは、田中が食べる）
　　　　＿t
　　b. ／田中　パン　食べる／　（田中は、パンを食べる）
　　　　＿＿＿＿＿＿t
　　c. ／パン　食べる　田中／　（パンを食べるのは、田中だ）

　　　　＿t
　　／パン　　　　田中　　　　食べる／

(19)の文のそれぞれで、もし話題化のNM表現に気がつかないと、一見、手話には語順が決まっていないように見えます。それが誤解であることを示したのがフィッシャー(Fischer 1975)のアメリカ手話の分析です。話題化に決まったNM表現があることを通して、フィッシャーは手話言語に一貫した文法的な特性があることを示しました。手話言語の文法を考える際には、NM表現に注意する必要があるのです。

4.3 接続表現

　文と文の接続も、NM だけで表現できます。たとえば、「条件節（X なら Y）」と「因果関係（X だから Y）」の違いは、手指ではなく NM 表現で表されます（市田 2005, 岡・赤堀 2011）。(20) では条件の部分に眉上げと頭を少し前の位置に出した位置での固定があります。それがゆるんでから主節が示されます。条件節と主節の間にうなずきがあるようにも見えます。この例は写真では観察が難しいので、DVD の例文を参照してください。

　　(20)　条件節：
　　　　　＿ cond
　　　　／雨降り　　野球　　中止／　（雨が降ったら野球が中止になる）

因果関係の場合は、原因となる文の後に素早いうなずき (hn) が現れます。

　　(21)　因果関係：
　　　　／雨降り　hn　野球　中止／　（雨が降ったので野球が中止になった）

(20) と (21) の違いは、手指表現だけを見て区別することはできません。NM 表現がふたつの文の意味的な関係を示しているからです。
　同じように、ふたつの文の「順接」「逆接」の違いも、異なる NM で示されます（木村 2011）。順接 (22) の場合は、頭が前に出るような大きなうなずきがありますが、逆接 (23) の場合は、頭の保持（動きが止まる）から後ろに引いて、うなずきで戻すような動きと、文末に目の見開きが観察されます。（＋＋は、手話表現の動きが細かく、強い動きで繰り返されることを示しています）。この例は写真では観察が難しいので、DVD の例文を参照してください。

　　(22) a.　／仕事＋＋　hn　給料　上がる／
　　　　　　　（仕事をたくさんしたから給料が上がった）

b. ／仕事（少）　給料　下がる／
　　　　（仕事が少なかったから給料が下がった）
(23) a. ／仕事＋＋　　hn　給料　下がる／
　　　　（仕事をたくさんしたのに給料が下がった）
　　　b. ／仕事（少）　hn　給料　上がる／
　　　　（仕事は少なかったのに給料が上がった）

このように、手話言語では、洗練されたNM表現の使い方がたくさん観察できます。

5. おわりに

　この章では、文法を考えるうえで重要な概念である「構造」という考え方について解説し、それを踏まえて手話言語の構造依存性について考えました。また、文末コピーやNM表現の性質に注目すれば、手話言語に一貫した文法が観察できることを解説しました。手話言語では音声言語と異なり、両手・頭・肩などの複数の「発声器官」を同時に使って情報を伝達することができます。手話言語の文法はその同時性を最大限に生かす形で発展してきました。ネイティブサイナーが用いる手話言語の文法を正しく理解し、分析するためには、NM表現に注意することが大切です。NM表現の性質に関する研究成果は少しずつ増えており、その存在も少しずつ知られるようになってきました。NM表現に着目した手話統語論の研究もこれから活発になっていくと思われます。また、ろう者自身もNMの性質を理解することで、手話言語についての正しい知識を伝えられる機会が増えるのではないでしょうか。

> この章のまとめ
> - 手話言語にも「構造依存性」がある
> - 主語の文末コピーで自動詞と他動詞の区別ができる
> - 日本手話には様々な否定表現が存在し、使い分けが決まっている
> - 手話言語では顔を「感情表現」「文法的な NM 表現」のふたつの目的で利用する
> - 疑問文・接続表現など、NM 表現が重要な役割を果たす構文がたくさんある

もっと詳しく知りたい人のために

【文末コピーについて】

クラスボーンほか (Crasborn et al. 2009)・原ほか (2014) は、文末コピーが主語ではなく、話題 (トピック) を指す場合について論じています。トリゴエ (Torigoe 1994) は日本手話を分析対象にして、主語以外のものを指す文末コピーの例を取り上げています。

【NEG-3 の性質について】

NEG-3 (レ手型を手首で回転させる表現) は命題の否定ではなく、いわゆる「メタ否定」の表現と考えられます。以下の例でわかるように、命題ではないもの (ラケットの振り方を身振りで表したもの) を訂正する際にも、NEG-3 が使えます。

  (テニスのコーチがラケットの振り方の指導をしている状況)
  (身振り A) NEG-3 (身振り B)
  (日本語訳:こうじゃなくて、こう!)

【Wh 疑問文について】

日本手話の Wh 表現の性質については、ウチボリとマツオカ (Uchibori

and Matsuoka 2013) に基本的な記述があります。カポニグロとデビッドソン (Caponigro and Davidson 2011) はアメリカ手話の Wh 分裂文について、疑問文と叙述文が (発音されない) 連結詞 (copula) でつながれた構文であり、語用論的にはトピック-コメントの構造を持つという分析を提案しています。

第4章

意味に関わる手話言語の性質

1. はじめに：言語の「意味」の研究

　前の3つの章では、音韻・語・文という3つのレベルに分けて、手話言語の性質を考えてきました。その中でも、語と文にはそれぞれ「意味」に関わる性質があります。たとえば、次のふたつの例文を考えてみましょう。以下の例の「寝る1」と「寝る2」は形は違いますが、一見使い方は同じであるようにみえます。

（1）a. ／毎日　夜　子ども　寝る1／　（毎晩子どもが寝る）
　　 b. ／毎日　夜　子ども　寝る2／　（毎晩子どもが寝る）

/寝る1/　　　　　　　/寝る2/

しかし、/寝る2/は下のような文では使えません。

(2) a. 　/毎日　夜　子ども　9時　寝る1/（毎晩子どもが9時に寝る）
　　 b.＊/毎日　夜　子ども　9時　寝る2/

この例に見られるパターンは、「寝る2」という語の意味的な性質と関連しています。

　語の意味と文の意味は、形態論（第2章参照）や統語論（第3章参照）と深い関係がありますが、語や文の仕組みだけを見て、意味に関わる性質を説明することは難しいのです。「意味」を扱う言語学の分野には、語や文の意味的な性質を扱う「意味論」があります。その他に、文が連なって「談話(文脈、情報の流れ)」を作り出し、まとまった情報を伝える際の意味を考察する分野「語用論」があります。

　手話意味論や手話語用論の研究はまだ歴史が浅く、研究成果も限られています。この章では、意味の研究に関係する日本手話のトピックとして、動詞のアスペクト・モダリティ・形容詞の極性(polarity)について説明します。手話言語の「談話」に関連する現象として、日本手話で観察される情報の並べ方について、最後のセクションで簡単に紹介します。

2. 日本手話のテンスとアスペクト

　第3章で、手話言語には時制表現がない、つまり過去・現在・未来で動

詞の形が変わらないことにふれました。しかし、手話言語にも時間の流れに関連する表現はあります。過去・現在・未来の流れが体の後ろから前の空間で表される「タイムライン」がその一例です。

図1　タイムラインの例

実際の手話表現でのタイムラインは以下の例で観察できます。

（3）a. /前/　/いま/　/あと/
　　 b. /先週/　/今週/　/来週/
　　 c. /昨日/　/今日/　/明日/　/明後日/

　　/昨日/ 　　　　　/今日/ 　　　　　/明日/

/明後日/

タイムラインは世界の様々な手話言語に見られます。後ろから前、右から左、上から下など多様性があります(Pfau et al. 2012, Cabeza Pereiro and Fernandez Soneira 2004, etc.)。

　時間の流れに関係する他の表現としては、アスペクトがあります。文法的アスペクト(grammatical aspect)とは、動詞が表す出来事の開始時や終了時などを取り上げる表現です。まず、音声言語の例を考えてみましょう。

　犬が歩く場面を考えてみます。図2にあるように、この場面のどの部分に注目して表現するかによって、日本語では様々なアスペクト表現が使われます。

(4)

図2　アスペクト表現に関連する出来事の局面の例

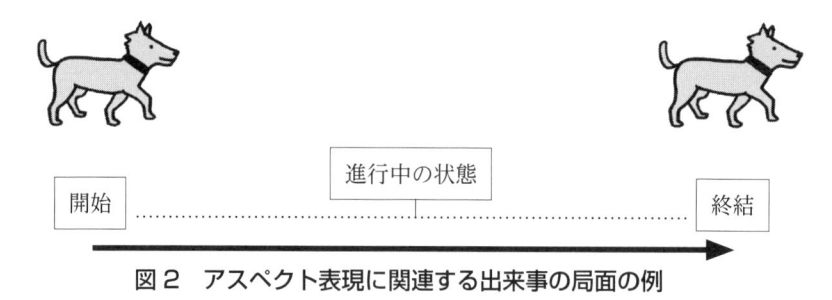

犬が歩いている「進行中の状態」に注目すれば「犬が歩いている」という表現が使えます。この場面の「開始部分」に注目すれば「犬が歩き始める」「犬が歩きかける」という表現が生じます。この状態が持続していることに注目すれば「犬が歩き続ける」となりますし、終わりの部分に注目すれば「犬が歩き終わる」という表現が使えます。さらに、全体の動きが最初から最後まで、完全に終わったことを表現したい場合には「犬が歩ききる」「犬が歩きつくす」「犬が歩いてしまう」という表現があります。

　音声言語の場合は、アスペクトを表す形態素が追加されるパターンが見られます。

　（5）　歩く＋続ける→歩き続ける、歩く＋終わる→歩き終わる

日本手話にも同じようなアスペクト表現はあります。(6a)は継続、(6b)は完了の例です。

　（6）a.／歩く　中／　　（歩いている）
　　　b.／歩く　終わり／　（歩いてしまった、歩き終わった）

しかし、形態素を追加するアスペクト表現はそれほど多くはありません。代わりに、手話動詞の動き自体の変化や、アスペクトを表すNM表現が使われます。たとえば、特定の動詞の動きが短く繰り返されることで、継続（動作が続いている）アスペクトが表現されます。(7)の例は写真ではわかりにくいので、DVDを参照してください。

　（7）　／食べる＋＋＋／　　（食べ続ける）

次の例では、動詞にNM表現（pa口型）が重なって表されることで、(6b)と同じような、完了のアスペクトが表現されます。この口型は、未来の状況について話すときにも使えますので、「過去型」とは異なるものです。

(8)　　___ PA
　　　/ 食べる /　　（食べてしまう、食べ終わる）

___ PA
/ 食べる /

　クリーマとベルージ (Klima and Bellugi 1988) は、アメリカ手話の動詞の様々な動きの変化によるアスペクト表現を分析しました。以下の表にあるように、動きによるアスペクトの実際の表現は、手話言語の間で異なります。日本手話の例 (9a-e) は、DVD で確認してください。

(9)

		日本手話	アメリカ手話 (Klima and Bellugi 1988, Valli et al. 2011)
a.	「長時間〜する」	小さい動きを繰り返す、円ではなく往復運動	円を描くように利き手の動きを繰り返す
b.	「定期的に」	2回ずつ、小さい動き、往復運動	直線的な動きの繰り返し
c.	「何度も」	1〜2回ずつ、やや小さい動き、抑揚（早い遅い早い）、交互に眉上下の動き、口型 ii または mm	素早く強い動きの繰り返し
d.	「必死でやり遂げる」	動きの「タメ」または短い動きの繰り返し、ii 口型→口型「pa」「po」とともに体ゆるめる（動詞により「安堵」または「終了」の手話）	最初の動詞は保持、ii 口型、目細め→口開く、目ゆるめ、短い動きから保持

| e.「長い期間」 | 右から左、または体から前方へ手話が移動、繰り返しはなくてもよい | 円を描くように利き手の動きを繰り返す、円の大きさで頻度を示す |

　これまで説明した文法的アスペクトは、日本手話の/中/や日本語の「〜ている」などの形態素で示されていました。それとは別に、語そのものの意味に含まれている語彙的アスペクト (lexical aspect) があります。たとえば、「死ぬ」は一瞬の出来事であり、時間的な幅はありません。たとえば「死に始め」や「死に終わり」はありません。それに対して、「笑う」には時間的な幅があります。この章の最初で見た/寝る2/は、特定の時間と一緒に使うことはできません。これは、この動詞に「継続性（状態が続いていること）」という性質が含まれていることを示しています。したがって、/寝る2/は「1時間」のような継続時間を表す表現であれば一緒に使うことができます。

(10) /子ども　1時間　寝る2/

　この節では、手話言語においても、音声言語と同様にアスペクトという意味的性質が重要であること、またその表現にいろいろな種類があることを見てきました。手話言語のアスペクトは、形態素やNM表現を追加すること、または手話動詞の動き自体を変化させることで表現されます。

3. 日本手話のモダリティ表現

　この節では、日本手話のモダリティ表現を取り上げます。文からモダリティを除いた部分を、本書では一般的な言語学の伝統にならって「命題 (proposition)」と呼ぶことにします。命題とは、その文に含まれている「事柄」「情報」の部分です。モダリティは命題の「述べ方」（日本語記述文法研究会 2003）「ありよう」（澤田 2006）を担う部分です。言い換えれば、命題が伝える「出来事」「物事の様態・有様」について話し手がどう判断し、どう伝えるのか表現するのがモダリティです。出来事というのは/子ども　泣

く / のような文で表される内容で、物事の様態や有様というのは / 猫　小さい / のような文で表される内容です。

　以下の日本手話の例 (11) では、/ 妹　来る　中 / の部分が命題です。この命題には「進行」のアスペクト / 中 / が含まれています。/ かも / が話者の態度 (そうかもしれないが、はっきりといえる自信はない)、つまりモダリティの部分です。

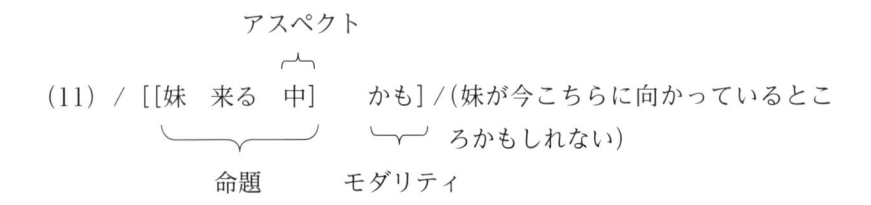

(11)　/ [[妹　来る　中]　かも] / （妹が今こちらに向かっているところかもしれない）

　　　　　　　　アスペクト
　　　　　　　命題　　モダリティ

モダリティに含まれる例の範囲はとても広く、分類も少しずつ異なるものが提案されています (仁田 1991, 澤田 2006 など)。

　手話言語のモダリティ表現に関する報告はそれほど多くはありません (Wilcox and Wilcox 1995, Wilcox and Shaffer 2006, Akahori et al. 2013, 木村・市田 2014)。アカホリほか (Akahori et al. 2013) は、日本手話には日本語に見られるような伝達モダリティが存在しないと指摘しました。日本手話の表現で日本語の「〜そうだ」と訳されがちな表現には、伝達の意味はありません。次の手話例文の意味は「山田が来るそうだ (伝達)」とはまったく関係ありません。むしろ「雨が降りそうだ (推測)」のような用法に近い意味です。

(12)　/ 山田　来る "そう" /　　（山田が来るのではないだろうか）

NEG-8（そう） （Akahori et al. 2013)

このモダリティ表現（NEG-8）は伝達ではなく、話者の推測に関わる情報を伝えていますので、次に説明する「認識様態のモダリティ」に属するものと考えられます。

3.1 認識様態のモダリティ

　認識様態のモダリティ (epistemic modality) は、命題で述べられている事柄についての話者の判断・とらえ方を表します。アカホリほか (Akahori et al. 2013) は、日本手話の10種類のモダリティ表現を取り上げています。この10種類の表現は / 雨　降る / という自然現象を示す命題とも組み合わせが可能ですので、認識様態のモダリティと考えられます。

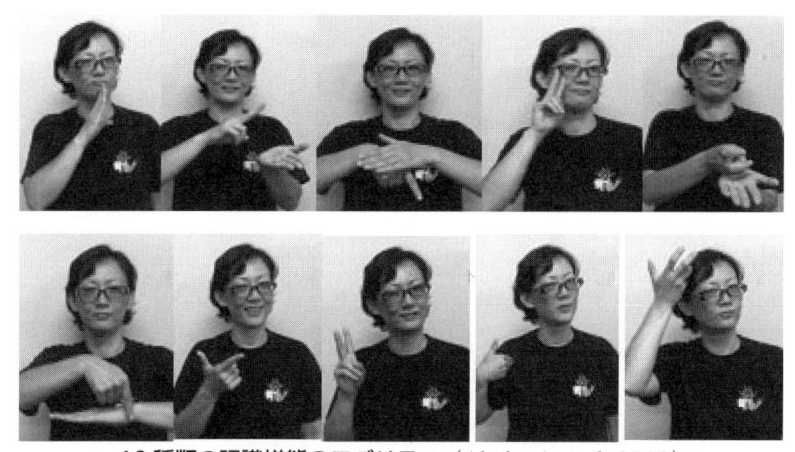

10種類の認識様態のモダリティ （Akahori et al. 2013)

これらの表現はすべて、首をかしげる角度や目線などの NM で強弱を調整することができます。NM によるモダリティ表現の意味の強弱の変化については、他の手話言語でも観察されています (Wilcox and Shaffer 2006)。

日本手話の / できる / も話者の判断を示すモダリティ表現として使うことができます。

(13) / 妹　来る　できる / （妹が来る可能性がある）

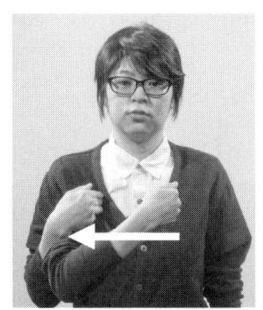

| /妹 | 来る | できる/ |

3.2　義務モダリティ

義務モダリティ (deontic modality) には、「評価的モダリティ」「束縛的モダリティ」など様々な呼び方がありますが、命題が示す内容について「必要かそうでないか」の判断や、それにもとづいた「許可」「命令」に関連するモダリティです。日本手話には以下のような例があります。(14b) のモダリティ表現は、アカホリほか (2013) の 5 番と同じものですので、MODAL-5 というラベルで表記します。

(14) a. / 運転免許　5 年　更新　必要 /
　　　　　（運転免許は 5 年で更新しなければならない）
　　b. / 運転免許　5 年　更新　MODAL-5/
　　　　　（運転免許は 5 年で更新しなければならない）
(15) / 運転免許　誕生日　前　更新　かまわない /
　　　　（運転免許は誕生日の前に更新してもよい）

(16) /運転免許　期限　オーバー　運転　アウト/
　　　（運手免許の有効期限を過ぎて運転してはならない）

/必要/ 　　　　　MODAL-5

/かまわない/ 　　/アウト/

(14b) の MODAL-5 は、認識様態モダリティとしても使われます。

(17) /友達　免許　更新　MODAL-5/（友達が免許を更新するはずだ）

MODAL-5 のように、同じモダリティが「様態の認識」「義務」の両方に使える例は、音声言語にも存在します。英語の例をみてみましょう。(18a) の must は、話者の推測に関連する「様態の認識」を表していますが、(18b) の must の意味は、話者による必要性の判断が含まれた「義務的」なモダリティ表現です。

(18) a. John must be here.（ジョンはここにいるはずだ：様態の認識）
　　 b. John must come.（ジョンは来なければならない：義務的）

　手話言語にも様々なモダリティ表現があるという事実は重要です。モダリティは話者の心の中を表現するものですから、ジェスチャー（身振り）ではっきりわかるように示すことはまず不可能です。手話言語においてモダリティ表現が細かく使い分けられているということ、また NM 表現との組み合わせで話者の自信の強弱を表すということから、手話言語が単なる「身振り」ではなく、抽象性を表現できるという自然言語として当然期待される性質を備えていることがわかります。

4. 語の意味的な性質と NM 表現

　第 3 章では、文法と関係する NM 表現を見てきましたが、ここでは、語の意味と NM 表現との関係を考えます。特定の手話単語に特定の NM 表現がつく例は、数は少ないですが存在します。アメリカ手話の NOT-YET（まだ〜ない）では舌を少し出す NM 表現が必要ですし、日本手話の / 壊れる / / 足りない / という表現には「pi」という口型がつきます。

　　　/ 壊れる  /　　　　　/ 足りない 1  /　　　　/ 足りない 2 /

　しかし、日本手話には、特定の単語につく NM 表現のほかに、特定のタイプの形容詞の性質と関連して現れる口型があります（松岡ほか 2011, Matsuoka and Gajewski 2013）。次のような、「程度」「段階」が含まれる形容詞を「段階的形容詞」といいます。

(19) /大きい/ － /小さい/ /高い/ － /安い/ /上手/ － /下手/

段階的形容詞が強調される文脈で使われると、形容詞の意味によって異なる口型が現れます。(20a, b) は両方とも強調の文脈で使われている文ですが、/高い/の場合は (20a) にあるように「ho 口型」、/低い/の場合は (20b) にあるように「hee 口型」(または ii 口型) が現れます。

```
            ___ho
(20) a. /服  高い/     (服がものすごく高かった)
            ___hee
     b. /服  安い/     (服がものすごく安かった)
```

___ho
/高い/

___hee
/安い/

ho と hee のふたつの口型の現れ方は、形容詞が持つ意味と関連しています。/大きい// 上手 // 背が高い/ などはプラスの意味的性質を持っています。これを肯定極性といいます。それに対して、/小さい// 下手 // 背が低い/ などはマイナスの性質、つまり否定極性を持つ形容詞です。下のように表にまとめてみると、ふたつの口型は、形容詞が持つ極性に合わせて現れることがわかります。

(21)

ho	hee
肯定極性（＋）	否定極性（−）
／大きい／	／小さい／
／上手／	／下手／
／背が高い／	／背が低い／
／嬉しい／	／悲しい／
／のんきな／	／生真面目な／

／大きい／−／小さい／が段階的形容詞に分類される理由は、これらが二者択一ではなく、その間に段階があるからです。(22)の図にあるように、「大きい」と「小さい」の間には、「どちらかというと小さい」「大きくも小さくもない」というように、様々な大きさが考えられます。

(22)　大きい　⟵—————————⟶　小さい

それに対して、下の(23)にあるようなペアは段階性を持たない形容詞です。つまり「段階」「程度」がありません。このような形容詞が強調されても、ho 口型と hee 口型は生じません。以下にしめした口型は一例ですが、実際の口型はろう者によって大きく異なり、人によっては口型がつかないこともあります。

(23)　／いっぱい／（PU）　　−　／空の／（AA）
　　　／生きている／（MU）　−　／死んでいる／（口閉じ）
　　　／起きている／（口閉じ）−　／寝ている／（MU）
　　　／動いている／（PU）　−　／壊れている／（MU）
　　　／見える／（PU）　　　−　／見えない／（MU）

つまり、ho 口型と hee 口型は、(21)であげた段階的形容詞の極性という抽象的な性質と関連しているということになります。

　これまでに見てきた極性は形容詞そのものに備わる性質ですが、それとは

異なる極性を提案している研究者がいます。ソーリー (Saury 1984) はスウェーデン語の発話データベース (コーパス) を分析することによって、「語彙的極性」とは異なる「態度的極性」があると論じました。skuld (借金) という名詞から「借金がない状態」を示す語を作る際に、ふたつの形態素 fri または lös を使うことができますが、どちらの形態素が使われるかは、話者から見てその「借り」が悪いものかよいものかという「話者の態度」で決まります。次の例では、ふたつの表現と、それぞれが典型的に使われる文脈です。

(24) a. skuldfri
　　　（文脈：借金が終わったならもう自由だ）
　　b. skuldlös
　　　（文脈：この社会で借りを作らず生きられる人はいない）

この例を見ると、形態素 fri がつく借りは「負担（悪いもの）」であり、lös がつく借りは「恩義（よいもの）」であることがわかります。この「よい・悪い」の判断は話者がしているもので、語そのものの意味的性質とは異なります。

　手話言語には、言語表現にあたって同時に使用できる体の部分がたくさんあります。そのため、語彙的な極性と態度的な極性の両方を異なる顔の部分で表すことができるのです。段階的形容詞の語彙的な極性は、口型 (ho, hee) に現れています。それに加えて、話者が命題の内容を「よいことか悪いことか」と感じる、つまり態度的極性は眉上げ・眉寄せで表現されます。

　日本手話 / 安い / を考えてみましょう。この形容詞は否定極性を持っていますので、安いことが強調される文脈であれば、hee 口型が現れます。以下の例では「服がとても安いこと」について話者が「得をした・よい」と感じている場合（肯定的な態度を持つ場合）は、眉上げが同時に現れます。それに対して、「服がとても安いこと」について話者が「安物は質が悪い・ダメだ」と感じている場合（否定的な態度を持つ場合）は眉寄せが現れます。

(25)　　　　＿ hee
　　a. ／服　安い／　　（服がとても安い＜それで得をした＞）
　　　　　＿hee
　　b. ／服　安い／　　（服がとても安い＜質が悪い、損をした＞）

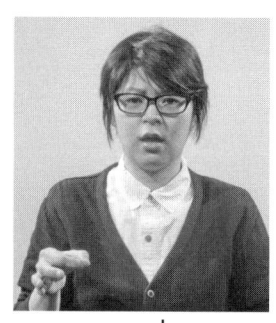

　　　　＿ hee　　　　　　　　＿ hee
　　a. ／安い／　　　　　　b. ／安い／

　(25)のようなNMの例は、ソーリーが提案したように、極性にはふたつの種類があるという分析が、特定の言語だけにあてはまることではなく、様々な人間言語で観察できる特徴であることを示しています。

5.　日本手話の情報の並べ方

　意味の研究には、これまで見てきたように、ひとつひとつの語や文の意味を対象とするものがあります。それだけではなく、語や文をつなげてコミュニケーションをする際に、どのような順番で情報が提示されるかという現象も、意味に関わる研究の対象となります。この節では、日本手話のネイティブサイナーが好む情報の並べ方（提示の順番）に関する例を紹介します。

　ろう者の情報の並べ方の特徴は「結論を先に言う」ことです。まず例を見てみましょう。(26)の例では、ゴールデンウィークの予定（帰省）をまず述べてから、その目的を説明しています。

　(26)／GW　帰省　親　会う／（親に会うためGWに帰省する）

音声日本語では(27a)のような語順が自然ですが、同じ順番で情報を述べている(27b)は、ネイティブサイナーの感覚では、日本手話の語順として不自然という判断になります。(文頭の＃記号は、文法上は可能ですがネイティブが感じる自然な表現としては使われないことを示しています。)

(27) a.　親の顔を見るために帰省する
　　　b.　＃/親　会う　GW　帰省/

次の例でも、日本手話ではまず結論(電車が遅れていること)を述べてから、そのことに気づくまでの経緯が説明されています。

(28)　/電車　遅れる　待つ　長い　おかしい　何　事故/

同じ意味の日本語文(29)と比べると、(28)が日本語の典型的な情報の提示の仕方とはかなり違っていることがわかります。(29)の例では、電車が遅れていることが、文の最後を見ないと明らかにはなりません。

(29)　電車を待っていてなかなか来ないのでおかしいと思ったら、事故で遅れていた。

しかし(28)にあるように、日本手話では結論を最初に述べることが好まれます。これは英語に似たパターンともいえます。

(30)　The train was late because of an accident and I was waiting for it to arrive, while wondering what was going on.

このような例を見ると、同じ地域で使われている言語であっても、必ずしも情報の並べ方が同じパターンにはしたがわないということがわかります。異なる言語の対照レトリック(文章の構成)についてはカプラン(Kaplan 1966)の有名な観察をはじめとして、特に外国語教育との関連性から多くの

研究が行われています。ナラティブ（語り）や対話を分析することで、言語のディスコース（談話）の特徴を見出そうとする研究もあります（Maynard 1993 など）。このような研究手法を用いて、日本手話の談話構造を分析することも可能であると思われます。

6. おわりに

　この章では、手話言語の「意味」に関する現象の例を取り上げました。この章で見てきたように、日本手話の語や文の意味的な性質に関して、規則性のあるパターンが観察できます。ネイティブサイナーはそれらを意識せず、自然に使い分けています。日本手話もまた、自然言語に見られる性質を共有しているのです。

この章のまとめ
- 手話言語にはタイムラインのように空間と時間を対応させる方法がある
- 手話言語においてアスペクトを動詞自体の動きの変化で表す例が多く存在する
- 手話言語にも様々なアスペクト表現があり、その強弱を NM 表現で示すこともできる
- 極性には「語彙的」と「態度的」の 2 種類があり、日本手話では異なる NM で表現される
- 同じ地域でも、手話言語と音声言語で情報の並べ方が異なる場合がある

もっと詳しく知りたい人のために

【手話のアスペクト表現】

クリーマとベルージ（Klima and Bellugi 1988）にもとづき、ラトマン（Rathmann 2005）は、手話のアスペクトをより限定した分類方法を提案しています。詳しい説明はファウほか（Pfau et al. 2012）にまとめられています。

【形容詞の極性と口型について】

日本手話の口型についての興味深い記述は坂田ほか(2008)にあります。マツオカとガヨウスキー(Matsuoka and Gajewski 2013)は、形容詞の持つ極性と強意詞(intensifier)である口型が連動すると考え、反意語に内在する否定演算子(LITTLE)を用いた分析を提案しています。同じ論文で、音声日本語の、「へえ」「ほう」のような間投詞が文法化して日本手話の強調の口型が生じた可能性も論じられています。

第5章
CL・RS・手話の創造性

1. はじめに

「CL表現」と「RS（ロールシフトまたはレファレンシャルシフト）」は、空間の中で身体を使う言語である手話言語独特の表現で、手話言語のデータを集めて分析する際には、十分注意を払う必要があります。まず2節では様々な種類のCL表現の文法的特性を解説します。3節では2種類のRSを紹介したうえで、それらがCLと組み合わされて使われている例を示します。最後に、CLとRSの特性を用いた手話ポエムの例を取り上げて、手話言語の「創造性」について考えます。

2. CL表現

木村・市田 (2014: 26) は、CLを「ものの動きや位置、形や大きさなどを、手の動きや位置、形に置き換え」るものと定義しています。手話言語のCL表現の分析は、名詞の意味的なカテゴリーや形などを示す形態素である類別詞 (Classifier) の研究に強く影響を受けてきました。そのため、海外の手話言語学の文献ではCL表現を 'classifiers' と呼ぶものも多くみられます。しかし、手話言語のCL表現が音声言語の類別詞と同じといえるかどう

かについては、研究者の間で意見が分かれています。ここでは日本で定着している「CL（表現）」という呼び方を使います。

何を「CL表現」に含めるかについても、研究者の間でも様々な考え方がありますが、近年の手話言語学でおおまかな共通見解とされているものはあります。その典型例として、動詞の一部になっているCLの例を取り上げます。

2.1 CL動詞の特徴

CL表現には文法的な性質を持つものとそうでないものがあります。また文法的な性質を持つと思われるものにも様々なタイプのものがあります。文法的な性質を持つCL表現の中でも、テッド・スパラ（Ted Supalla）は存在と移動を示すCL動詞を取り上げて詳細な分析を試みました。その結果、CL表現も、他の手話表現のように「部品」に分割できること、そしてCL動詞の組み立て方に規則性があることが明らかになりました（Supalla 1982, 1986）。存在や移動を示す動詞に組み込まれる形態素としてのCLは、その後も手話言語学の重要な研究対象となっています。

CL動詞を組み立てているものは何でしょうか。第1章では、手話単語が「意味を持たない部品（音韻パラメータ）」の組み合わせでできていることを説明しました。このパラメータのひとつひとつには意味はありません。

(1) 日本手話／見る／

音韻パラメータ
- 位置：目
- 手型：「メ」手型
- 動き：内から外
- 手のひらの向き：非利き手側

それに対して、動詞に組み込まれるCL表現には、意味があります。例(2)の動詞（下線部分）は、主語の役割をするCLと動詞が組み合わされてひとつの手話単語として表されたものです。例のラベルに含まれている「＾」記号は、

CL が動詞の一部として組み込まれていることを表しています。(2a) の CL 表現は「場所」を示すもので、(2b) の CL 表現は「人」を表しています。

（2）a. ／学校　CL^ ある／　　（あのあたりに学校がある）
　　　b. ／子ども CL^ 集まる／　（子どもたちが集まってきた）

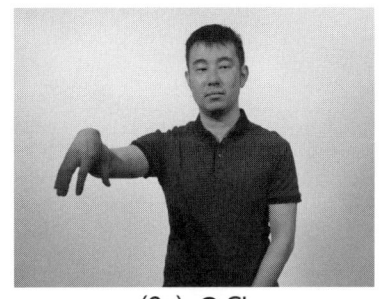

(2a) の CL 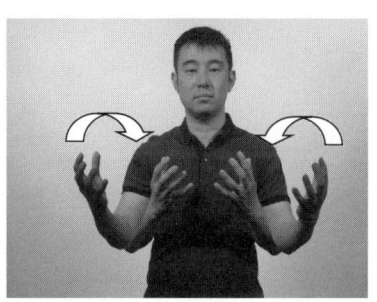　　　(2b) の CL

同じような場面でも、話者がどの部分に注目するかによって、使われる CL は変わります。(2b) では子どもが一斉に集まってくる様子を描写していますが、(3) の CL の場合は、個々に子どもが集まってくる様子を表しています。

（3）　／子ども CL^ 集まる／　　（子どもたちが集まってきた）

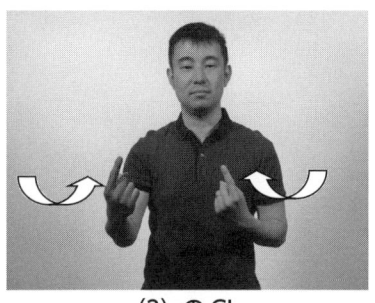

(3) の CL

CLは表すもののおおまかな種類で形が決まっています。「人」「乗り物」「場所」などです。下に提示したのは日本手話のCLの例です。

人を表すCL

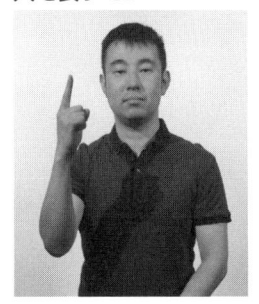

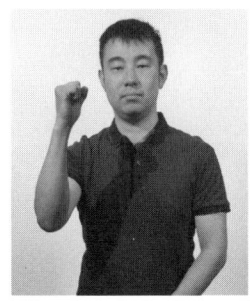

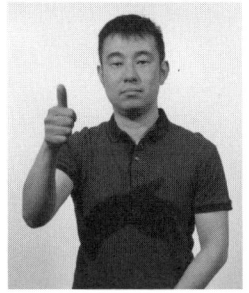

(男性) 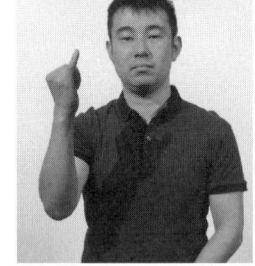 (女性)

乗り物を表すCL

(車)  (自転車) 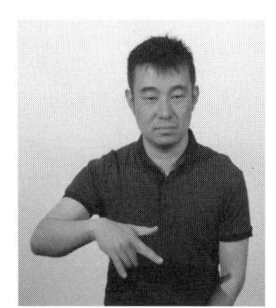 (飛行機)

場所を表す CL

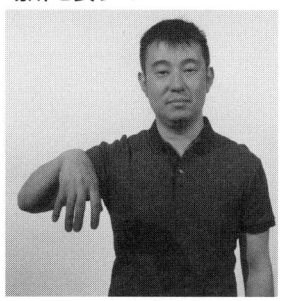

　CL 表現は世界共通ではありません。たとえばアメリカ手話には「小動物」を表す CL がありますが、日本手話にはそのようなものはありません。また日本手話では、性別によって人を表す CL が変わる場合もありますが、それは世界的にも珍しい例とされています。

　手話言語で CL を使う場合は、(2) で見たように、「学校」「子ども」「本」など、話題になっているものを語で表してから CL 表現を続けることもありますし、文脈から判断できる場合は CL だけが使われることもあります。下の例 (4) の日本語訳にある「よちよちと」の部分は、CL 動詞 (集まる) の指が左右に細かく揺れる動きで表現されています。CL 動詞の +++ 記号は、子どもたちがたくさん集まってきたことを繰り返しの動きで表現していることを示しています。DVD の動画で実際の CL の使い方を観察してみましょう。

(4) /子ども　好き　PT1　昨日　ボランティア　保育園　行く　部屋　CL左手　CL^入る　CL^集まる+++　かわいい　PT3　嬉しい　PT1/
　　　(私は子どもが大好きです。昨日ボランティアで保育園に行って教室に入ったら子どもたち (CL) がたくさんよちよちと集まってきて、かわいいなあと思いました)

CLを使って（動きではなく）人や物の位置を表す場合、利き手と非利き手が異なるCLを表すことによって、ふたつの物体や人の位置関係を示すことができます。この場合、非利き手が背景となる事物、利き手が主体（そこに存在する人や物）を表します。

（5）　利き手：／学校／　　　／CL^ 停める／
　　　非利き手：／学校　CL^ ある／
　　　（学校の横に車を停めた・学校の横に車が止まっている）

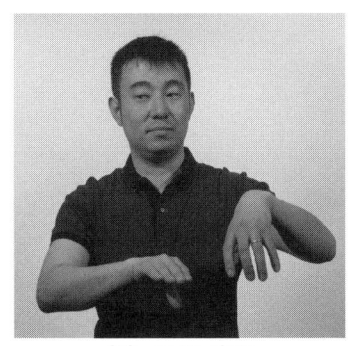

(5) のCL表現

　CL表現の重要な性質のひとつは、第1章でみてきた手話の音韻規則があてはまらなくなることです。たとえば、両手手話におけるバチソンの制約というものがありました。そのひとつである「対称性の条件」によれば、両手の手型が同じ場合は、同じ動きか対称的な動きのどちらかになるはずですが、CLを使った表現はその制約にしたがいません。

（6）　利き手　　CL（乗り物）　……………▶
　　　非利き手　CL（乗り物）　……………▶
　　　　　　（自転車が2台、前後に並んで走って行った）

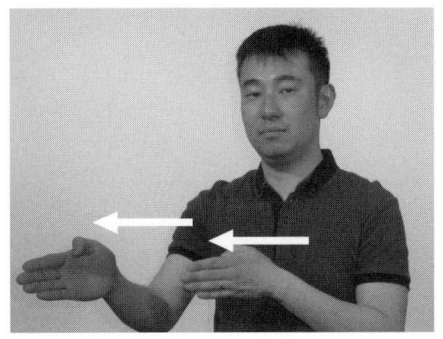

第 5 章　CL・RS・手話の創造性　101

(6) の CL 表現

バチソンが提案したもうひとつの制約である「利き手に関する制約」によれば、両手の手型が違う場合は、非利き手の形の種類は決まっており、利き手が非利き手に向かって動くことになります。しかし、CL 表現を使う場合はその制約に合っていなくてもネイティブサイナーには自然な表現として受け入れられます。

(7)　利き手　　CL（乗り物：車）･････････････････････････････▶
　　　非利き手　　　　　　CL（人）　･･････････▶
　　　（自動車が止まって、人がそこに乗り込み、また発車した）

(7) の CL 表現

CL 表現が手話の音韻のパターンから外れる理由として、CL に聴者のジェスチャーと共通する性質があることがあげられます。たとえば、人が歩く様子をジェスチャーで示す場合、歩く人の足の動きや身体全体が移動したこと

を視覚的に伝えることができます。日本手話のCL動詞/歩く/も、下に向けた2本の指を交互に動かしながら、手全体が前に移動し、足の動きと身体全体の移動に相当する動きを示しています。しかし、CL表現は動詞に組み込まれて品詞を持つ要素として文の構造を作りますし、表したいものの意味的な種類に応じたCLの選択や、その使い方に規則性が見られるという点で、聴者が用いるジェスチャーとは異なっています。つまり、CLは「ジェスチャー的・図像的な性質」および「文法に関わる性質」の両方を併せ持つと考えられます。次節では、CL表現がどのように分類されるかを解説します。

2.2 CL表現の分類

現在、手話言語学の研究対象として取り上げられるCL表現には、3つのタイプがあります。「実体CL (Entity CL)」「SASS」「操作CL (Handling CL)」です。

A. 実体CL (Entity CL)

実体CLは、対象の形や性質にもとづく分類に対応した表現です。例文(2)から(7)のCL表現は「人」「場所」「乗り物」などの全体を示しており、すべて「実体CL」に分類されます。実体CLは、表したいもののおおまかな分類(人か乗り物か場所かなど)によって形が決まっていますが、同じ「人」の実体CLでも「体全体を表すもの」「頭の部分を表すもの」「足の部分を表すもの」など、複数の実体CLがあり、目的によって使い分けられています。

（8） 人を表す実体 CL

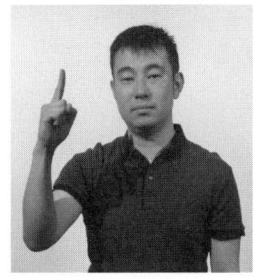

a. 人の体全体 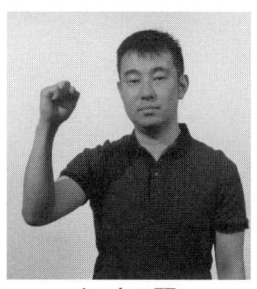　　b. 人の頭 　　c. 人の足

「人」や「車」を表す実体 CL には、CL を作る手の向きで、その人や車の向きを示すことができます。

（9） 車を表す実体 CL

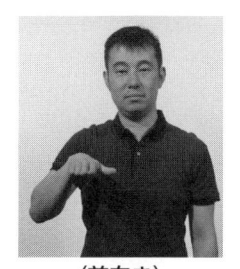

（前向き） 　　（右折）

B. SASS（形状・大きさ）

　同じ種類のもの（たとえば本）でも、形や大きさの違いを反映した CL が使われることがあります。そのような CL を SASS と言います。SASS（Size and Shapes）とは表したいものの「形」「サイズ」に注目した CL 表現です。「平たい」「丸い」「細長い」「厚い」「小さい」などの形や大きさの情報が CL の形に反映されています。SASS も実体 CL と同様に、動詞の一部に組み込むことができます。

(10) a. / ビール　CL^ ある / (ビールの瓶がある・ビールの瓶を置く)
　　 b. / 本　CL^ 並べる / (本を並べた・本が並んでいる)

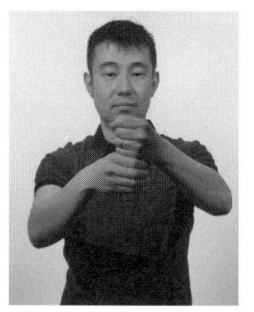

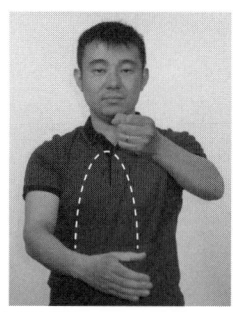

(ビール瓶の SASS)

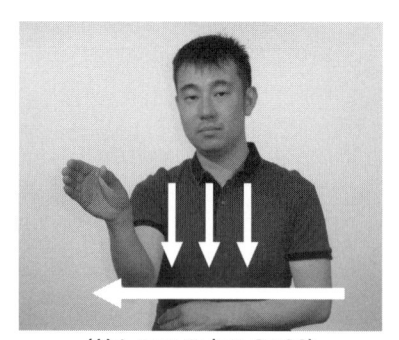

(並んでいる本の SASS)

　SASS は、表したいものの形や大きさを絵のように写し取るわけではありません。たとえば SASS で表される大きさの変化の程度は基本的に「大・中・小」の3段階とされています。スパラは手話動画の分析にもとづき、ネイティブサイナーの CL 表現は、表したいものの実際のサイズに応じて自在に変化するものではないと論じています (Supalla 2003)。

　SASS に似た CL 表現として、「トレース CL(tracing CL)」と呼ばれるものがあります。たとえばワイングラスや形に特徴があるカップなど、表したいものの形をなぞるような CL です (岡・赤堀 2011)。スパラも初期の研究ではこのタイプも CL の分類に含めていました。しかし、トレース CL は他のタイプの CL とは違って、動詞に組み込めない (CL 述語にできない) とい

う特徴があります。そのため、近年の手話言語学の CL 研究では分析対象に含まれることが少なくなっています。

C. 操作 CL (Handling CL)

操作 CL とは、動作の対象となる物体の一部（または働きかけの道具）を動作主が操作する様子を表すものです。以下の例を DVD の動画で確認してみましょう。

(11) a. /CL^ 開ける /（容器のふたを開ける）
b. /CL^ 押す /（早押しクイズのボタンを押す）
c. / 新聞　丸める　CL^ たたく /（新聞を丸めたものでたたく）

操作 CL では、動作をする人物と動作に影響される対象（または動作に用いられる道具）が両方示されるという特徴があります。この意味で、操作 CL が入った動詞は他動詞的な性質を持ち、実体 CL が入った動詞は自動詞的な性質を示すという分析もなされています（Benedicto and Brentari 2004, Zwitserlood 2012）。

2.3　フローズン語彙と動詞以外に見られる CL

ろう者同士の会話で、適当な語がない場合、その場で CL が作り出されることはよくあります。それと同時に、CL が絵のような描写から離れて、より抽象的な意味を持つ動詞に変化することがあることも指摘されています。そのような語は「フローズン語彙」と呼ばれます。フローズン語彙は、CL 動詞と違って、「動き」と「対象（CL）」に分割することはできません。

市田 (2005) は、日本手話の CL がフローズン語彙に変化する際に起きる音韻変化について詳しく述べており、/ びっくりする // 作る // しゃべる / など多くの例をあげています。たとえば / びっくりする / は、もともとは地面（背景）の上で人（主体）が飛び跳ねる CL 表現から生じたと考えられますが、現在用いられている手話表現では、両手の手のひらの向きや、利き手の手型や動きに音韻的な変化が生じています。

フローズン語彙は、CL 動詞から通常の動詞への変化の例ですが、CL が含まれる表現は動詞だけではありません。たとえば(12a)の／鍵／という名詞の表現は、操作 CL を用いた表現（鍵を回して開錠する）と関連しています。(12b)の／駅／という表現にも実体 CL と操作 CL(改札ばさみを使って切符を切る)の組み合わせが観察されます*。現在、切符をはさみで切る駅はほとんどありませんが、だからといって／駅／の手話表現が変更されるようなことはありません。この表現が実際の状況の描写を目的とする CL とは異なっていることがわかります。

(12)

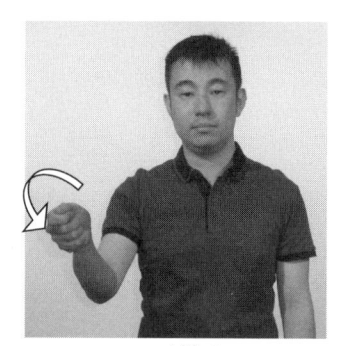

　　　　　a. ／鍵／ 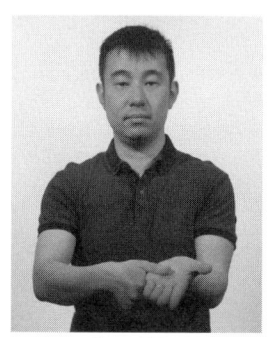　　　　　　b. ／駅／

> **練習問題**
> DVD の動画を見て、以下の表現にどのタイプの CL が含まれているか考えてみましょう。
> (a)／地下鉄／　(b)／気温／　(c)／スマートフォン／　(d)／野球／
> (e)／叱る／　(f)／読む／　(g)／座る／　(h)／切る／

　この節で見てきたように、CL 動詞は、ひとつの文に匹敵する量の情報を一語で表せる特性を持っています。そのため、CL 表現の構造の分析は難しく、CL を含む語の構造を明らかにする研究は、まだ発展途上の段階にあると考えられています(Sandler and Lillo-Martin 2006, Zwitselood 2012)。

---

* DVD のスライド表記は異なっていますが、ここに書かれているものが正しい説明です。

3. RS（ロールシフト・レファレンシャルシフト）
3.1 2種類のRS

　RS とは、話者が「現在の自分」以外の人物の考えや行動を引用して伝える表現です。ロールシフトまたはレファレンシャルシフトと呼ばれます。RS は「行動（行為）RS」と「引用 RS」の 2 種類に分けられます（市田 2005, 岡・赤堀 2011, 木村 2011）。

　行動 RS は別の人の身体の動きや話し方、顔の表情など、実際にあった場面をそのまま再現するような RS です。次の例では、話し手の病院での様子が行動 RS で表現されています。DVD 動画で確認してみましょう。

(13) ／昨日　PT1　頭　痛い病院　行く　CL^座る　待つ　₃呼ぶ₁
　　 [RS（立ち上がる）]　歩く／
　　（昨日、頭が痛くて病院に行った。待っていたら呼ばれて、立ち上がって診察室に向かった。）

　これに対して引用 RS は、過去の自分や、他の人の考えや感じ方などを表現するものです。次の例では、若いころの自分が考えていたことが最初の RS 部分で表されており、海外旅行が趣味になったころの自分の「気づき」がその次の RS で表現されています。

(14) ／PT1　昔　[引用RSPT1　英語　勉強　つまらない　勉強　目的
　　 英語　NEG-4　かまわない　日本　住む　同じ　かまわない] 成
　　 長　外国　行く [行動RS ホテル　筆談　NEG-4] [引用RS 英語　必要
　　 NEG-3] 思う　勉強　始める　意味／
　　（若かったころは「英語ってつまらないなあ。日本に住んでいるんだからできなくてもいいや」と思っていたけど、大人になって海外旅行に行くようになるとホテルで筆談ができなかったりして「英語は必要だった」と思って、勉強を始めたわけです。）

　アメリカ手話の RS の描写では、わずかな肩の動きで RS 部分が示されると

いう観察も報告されていますが、日本手話ではRSに肩の動きが常にともなうわけではありません。ネイティブサイナーは目線の変化や頭の動きなどで、どこからどこまでがRSなのかを判断しています。

　以前の手話言語のRSに関する議論では、引用部分が「実際の発言とまったく同じ表現かどうか」が重要視されたこともあります。しかし近年の音声言語の研究では、引用だからといっても、もとの発言とまったく同じとは限らないという考え方が定着しつつあります。たとえば以下の日本語の例でも、(15a)の例は、お母さんが「もうやめてよ」と発言した状況を表現する場合でも違和感なく使えます。(15b)(15c)の例でも、実際には引用部分とまったく同じ発言がなかったことが「考えてる」「みたいな感じで」という表現からうかがえます。

(15) a. お母さんが「もういいかげんにしなさい」って言ってるよ。
　　 b. 仕事がきつくて「転職したいなあ」って毎日考えてる。
　　 c. ユウキのやつ、「俺やりたい！やりたい！」みたいな感じで手を上げたんだ。

上のような観察にもとづいて、手話言語のRSと音声言語の引用には共通する性質があるとする分析も提案されています (Lillo-Martin 2012)。
　しかし、手話言語のRSでは、音声言語ではできない表現が可能です。それは、複数の人物の様子を一度に表現したり、同じ状況をクローズアップと鳥瞰図のようにまったく異なる「アングル」から描写することです。次の節ではそのような表現について考えます。

3.2　RSとCLの組み合わせ：複数の視点を同時に表現する

　手話言語ではRS表現の中にCLがふんだんに使われます。これらの組み合わせにより、複数の人物の様子を同時に表現することが可能になります。下の例はデンマーク手話の研究 (Engberg-Pederson 1993) で取り上げられたRSの例に近い内容を、日本手話で表現したものです。

(16) /PT1 仕事 面接 行く CL^ 座る 男 [RS CL^3 見る1]/
(仕事の面接に行ったら相手の男性が無愛想にじろじろ自分を見ていやな感じだった。)

ここで RS 部分に注目します。CL（相手の視線）は少し高い位置から下に向けられることで相手が自分を「格下に見ている」雰囲気が表現され、CL の動かし方から、相手が自分をじろじろ見ていることが伝わります。それと同時に顔の部分では、（面接官ではなく）面接を受けている話し手自身が不快感を抱いている様子が、行動 RS で表現されています。このように、RS 表現では話し手の身体の一部が本人から切り離されるような形で、別の人物の様子を表すことが可能になります。

また、RS と CL を組み合わせることで、映画やテレビ番組で見られるように、登場人物のクローズアップと鳥瞰図のような全体像を行ったりきたりしながら情景の描写をすることができます。下の例では車の実体 CL を並べることで高速道路全体を見渡す視点と、操作 CL と行動 RS・引用 RS でドライバーの様子をクローズアップする表現が交互に表れています。DVD の動画で確認してみましょう。

(17) /正月 実家 帰る 大変 すごい 7時間 なぜ 高速 [渋滞 CL++（車）][RSCL（両手・ハンドル）

| 右手 CL（ブレーキ踏む）足疲れる ブツブツ言う 帰る 不要 希望 CL++（ブレーキ踏む）] |
| 左手 CL（ハンドル）─────────────────→] |

[CL++（車）] お手上げ PT1 来年 帰る 不要 /

(正月に帰省したら 7 時間もかかって大変だった。高速道路はびっしり車が詰まって、進んでは止まり進んでは止まりで足は痛いしいやになった。もう来年は帰るのをやめる。)

多彩な CL 表現と RS の組み合わせがあることで、音声言語で表すと複雑になってしまう情報でも、手話言語ではわかりやすく伝えることができます。最後の節では、この手話言語の特徴を生かしたろう者の文学である「手話語り」「手話ポエム」について紹介します。

3.3　手話語り・手話ポエムと言語の創造性

　手話語りや手話ポエムは、ろう者の文化や言語を伝える手段として、ネイティブサイナーを中心とするコミュニティで大切にされてきました。語りやポエムには、語り手自身の視点や、CL を含む独特な手話表現が含まれています。したがって、手話の語りやポエムは、人間言語の特徴のひとつ「創造性（そうぞうせい）」が現れ出た例のひとつとみなすことができます。創造性とは、今までになかった表現を作り出して使用し、同じ母語話者ならその意味が即座に理解できるという性質を指します。創造性があるということは、その言語は文のリストではなく、文学・芸術などの活動において新しい表現を生み出す力を持つシステムであることを意味します。

　手話言語には文字がないため、ろう者の歴史と文化を次世代に伝える手段としても、手話語りは大きな役割を果たしてきました。手話ポエムはろう者の舞台芸術の一環としてプロの語り手が行う場合もありますし、手話を母語とするろう児や手話学習者のための教室活動でも使われることがあります。

　典型的な手話ポエムは、様々な手型・CL・数の表現の形が似ているところに着目して作られています。同じ手型をいろいろな CL に見立てて、ひとつのストーリーを語る手話ポエムの創作は、手話指導の現場でも導入されています。たとえば「テ」手型（平手）は、「手」だけではなく「板やドア、閉じた本など平たい物体を表す SASS」「なめらかな面を表す SASS」「フライ返しのようなもので料理をする操作 CL」「自転車や地面を表す実体 CL」など、様々なものに見立てることができます。

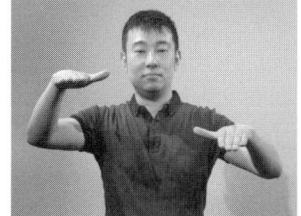

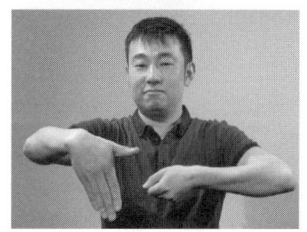

テ手型のいろいろな使い方

　これらの CL に RS を加えることで、簡単な手話ポエムを作ることができます。

　他にも「数字 1 〜 10 をいろいろな CL に見立ててひとつのストーリーを語る（番号ストーリー）」「（アメリカ手話の場合）A 〜 X をいろいろな CL に見立ててひとつのストーリーを語る（ABC ストーリー）」があります。アメリカ手話の番号ストーリーや ABC ストーリーについては、ネット上で"ASL number story" "ASL ABC story" などのキーワードを入力して検索することで、いろいろな動画を見つけることができます。

　手話語りは、ポエムより情報量も多く、「手話の文学」と呼ばれることもあります。手話言語学者でもあり、ストーリーテラーでもあるアメリカのネイティブサイナー、ベン・バーハンは「ろう文学とは何か」というインタビューで次のように語っています。

　「ろうの両親のもとに生まれ育ったろう者は、小さなときから手話という言語を持っています。単に、手話で話すだけではなく、手話を使って遊ぶことも知っています。成人のろう者の会話を何気なく見ていて、素敵な手話表現や、手話遊びに出会い、とても魅力を感じます。そして、

そんな大人たちの会話の中から、おもしろい話をおぼえてきては、仲間同士で披露しあって、自分でもいろいろと手を加えたりします。」

(バーハン・米内山 2000: 336)

バーハンが説明しているように、熟練したストーリーテラー（語り手）のほとんどはネイティブサイナーです。よいストーリーテラーは独創的な CL の「見立て」をすることができますし、ろう者に伝わりやすい話し方や、ろうコミュニティにとって大切な歴史的事実や、ろう者にとって大切な体験や情報を共有することもできます。バーハンの手話語りでよく知られているのが「ある鷲の子の物語」です。ストーリーの日本語訳はバーハン（2000）で読むことができますが、手話語りの動画を見ると、その特徴がより深く理解できるでしょう。日本でも子ども向けに国内外の手話語りを集めた「ろうのくに」や、「手話語りを楽しむ会」の DVD シリーズなどが製作されています。

4. おわりに

この章では、CL と RS の基本的な性質について説明しました。手話言語学で扱われる CL には大きく分けて 3 つの種類があり、それらが使われる際には、手話言語で通常みられる音韻や語順の規則が必ずしも守られないことを見てきました。したがって、手話の分析では CL が含まれる表現とそうでないものを区別して分析することが重要です。RS には音声言語の引用と共通する性質がありますが、CL との組み合わせによって音声言語ではできない表現が可能になります。CL と RS を使えば、短い手話文でもかなり多くの情報を伝達することができるのです。手話ポエムや手話語りでは、そのような手話の特性が最大限に生かされています。

この章のまとめ

- CL表現とは動詞句に含まれる意味要素を表す表現で、表すものの性質にもとづく分類によって形が決まっている
- CL表現には実体CL・SASS・操作CLの3種類がある
- CL表現から生じたフローズン語彙があり、動詞以外でもCL表現から生じた表現がある
- RS(ロールシフト・レファレンシャルシフト)には行動RSと引用RSがある
- RSとCLの組み合わせで複数の人物の様子や、複数の視点を一度に表現して伝えることができる
- 手話言語にも創造性があり、手話の文学(手話語り、手話ポエム)はその創造性を活かしている

もっと詳しく知りたい人のために

【CLについて】

岡・赤堀(2011)に、いろいろなCL表現が紹介されています。CL研究に関するより詳細な記述は サンドラーとリロマーティン(Sandler and Lillo-Martin 2006)、ズウィツァロート(Zwitserlood 2012)にみられます。日本手話のCLやRSの例は市田(2005)に多く収録されています。様々な手話言語のCL表現の性質・音声言語との比較・CLの発達に関する近年の研究成果についてはエモリー(Emmorey 2003)の論文集も参考になります。

【RSについて】

RS表現では複数の視点(空間)が重なりあうという点に着目した分析が、認知言語学の分野で多く提案されています。それと同時に、代名詞や直示表現(HERE, NOWなど)の指示対象がRS内で変化することに注目し、演算子(operator)と変数を仮定してデータのパターンを説明する形式的なアプローチも盛んになっています。リロマーティン(Lillo-Martin 2012)にそれ

ぞれのアプローチをまとめた解説があります。市田 (2005) では、CL・フローズン語彙・RS の基本的な記述や分類に加えて、一致動詞の性質やその他の様々な日本手話の構文について、CL と RS の役割に着目した分析が提案されています。

ウェブサイト

バイリンガル・バイカルチュラルろう教育センター (2006)「おとうさん、おかあさんのための手話文法講座＜手話動画＞ 第 6 回目＜ CL と固定語彙＞」http://www.bbed.org/move/index_02series_vol06.html

DVD 資料

「ろうのくに」聾市場 (Kei オフィス)
「手話語りを楽しむ会」D-PRO 映像部

第6章

ろう児の手話の発達

1. はじめに

　手話言語の母語としての発達を、音声言語の場合と比較するためには、言語に関する養育環境の条件をそろえる必要があります。これまで行われた音声言語の発達の研究では、対象となる言語が使われる（モノリンガル）環境で養育者と子どもが出生時から同じ言語を使う事例を用いて、基本的なパターンが報告されています。その知識を踏まえたうえで、典型的なモノリンガル環境とは異なる環境で育つ子どもたちの言語発達が研究されます。したがって、ろう児と聴児の言語発達を考察するためには、デフファミリーに生まれて手話言語で育てられたろう児が手話言語を身につける発達プロセスをまず調べることが重要です。

　手話言語の発達研究における初期の考え方は「手話言語は目で見る言語であるため、絵のようにイメージがしやすいのではないか。だから、ろう児の手話の発達は聴児よりもスムーズに進み、また発達プロセスも大きく異なっているのではないか」というものでした。しかしその考えは正しくないことが様々な研究結果からわかっています。絵やジェスチャーのように見えるような手話表現でも、ろう児はその中にある「構造」を自然に見抜き、音声言

語を母語とする聴児と似たプロセスとタイミングで、手話言語の文法を身につけていくのです。

第2節では手話の音韻知識の発達を扱います。第3節では指さし・一致動詞・CL表現など、一見ジェスチャーのように見える手話表現の発達プロセスの研究について解説し、NMが顔の感情表現とは異なる性質を持つことを観察します。第4節では手話言語を母語として身につけるためには、年齢が低いうちから手話言語にふれる必要があることを示す研究について説明します。最後に、子どもへのインプットが貧弱であっても、手話を使うコミュニティ・環境があれば、独自の文法を有する手話言語が自然に生じることを示した「手話のクレオール化」の事例を第5節で紹介します。

2. 手話の音韻の発達
2.1 手による喃語

喃語（babbling）は乳児が発する言語音の一種で、単語のように聞こえても、意味や指示物を持たないことが特徴です。聴児の喃語は、以下の表にあるプロセスで発達が進み、その後に初語（初めての単語）が現れることがわかっています（小椋 2005, 小嶋 1999）。

表1　喃語の発達段階

喃語への移行期 （生後4～6か月）	複数の音が含まれているが、子音―母音の連鎖ではない　（アー、アー）
規準喃語 （生後8か月）	子音＋母音から成る構造　（パ、パ、ダ、ダ）
ジャーゴン・会話様喃語 （生後10か月～）	多様な音やイントネーションの組み合わせ

ろうの乳児が発する音声の場合は、規準喃語の前の段階で発達が止まることが観察されています（Oller et al. 1985）。音声の規準喃語が出現するためには、外部から音声言語を聞く機会が必要であることがわかります。

しかし「音声のない」喃語も存在します。ペティトーとマレンテット

(Petitto and Marentette 1991) は、手による喃語 (manual babbling) が存在し、手話を母語とする乳児は聴児と同じプロセスとタイミングで手話の音韻の知識を身につけることを明らかにしました。手による喃語とは、聴児が使うジェスチャーとは異なり、手話の発達の前段階となる手の動きです。この研究の対象となったのは聴の乳児3名、ろうの乳児2名です*。この5名の乳児が生後10か月・12か月・14か月になったときの様子を録画したうえで、手の動きを記録・分析しました。録画には「親と遊ぶ」「おもちゃを離れたところに置いて、10秒後に子どもに渡す」「ひとりで遊ぶ」「母語でのやり取り」など、様々な場面が含まれていました。

表2に、聴の乳児とろうの乳児が使ったジェスチャーと手による喃語の数が示されています。腕を上にあげる、コップを持って飲むふりをするなどのジェスチャーは両グループに共通して現れていました。しかし、ろう児は聴児とは異なり、多くの「手による喃語」を発していたのです。

表2 ジェスチャーと手による喃語 (Petitto and Marentette 1991 より)

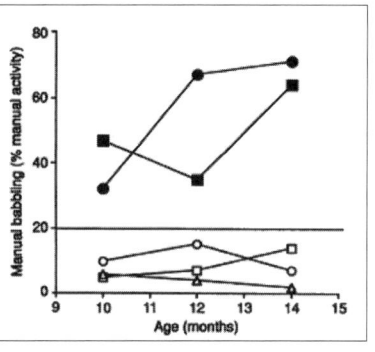

	ジェスチャー	手による喃語
聴児		
聴1	98	10
聴2	195	8
聴3	121	14
ろう児		
ろう1	101	80
ろう2	122	111

この分析の対象になった「手による喃語」とはどのようなものでしょうか。この喃語に含まれていた手型は、以下の13個です。これらはすべて、成人の使うアメリカ手話で用いられる手型に含まれています。（写真の下にある記号は、同じ手型で示されるアルファベットや数字にもとづいています。）

---

* DVDの説明では、聴児とろう児の人数が逆になっています。

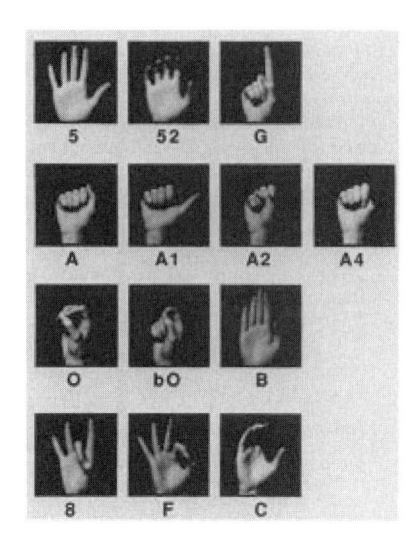

図1 手による喃語の手型（Petitto and Marentette 1991）

そして、生後10か月ごろのろう児の手による喃語には、連続的な変化がありました。手がひとつの形から別の形へと変化しているということです。変化の様子については、DVDの手話動画での説明も参照してください。

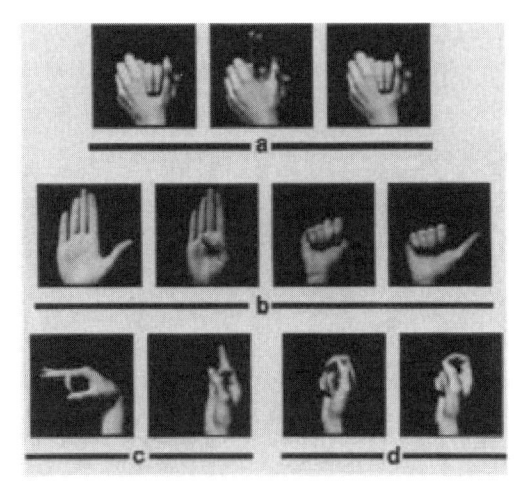

図2 ろう児の手による喃語に見られる手型の変化
（Petitto and Marentette 1991）

ろう児が用いた様々な手型の変化に対して、聴児が見せた手型変化は「親指を人差し指の横でこする」という1種類のみでした。

　ろう児の手の動きには、手の動きが始まる場所から終わる場所への経路（道筋）を示す動きも見られました（手を体に寄せるなど）。また、手による喃語の47%では、音声の喃語と同じような繰り返しが見られました。さらに、ろう児は頭・耳・顔・胸の位置など成人ろう者が用いるのと同じ空間の範囲を使って喃語を発していましたが、聴児にそのような傾向はありませんでした。

　ろう児は生後12～14か月の時点では、リズムや長さが手話と同じで意味がないことば（ジャーゴン）を発するようになりました。その後まもなく現れた手話の初語では、その子どもが喃語で使っていた手型や動きが含まれており、喃語が初語の準備段階であったことがわかります。このように「喃語から初語へ」という連続性の存在と、その変化のタイミング（月齢）は、音声言語の喃語とほぼ一致しています。これらの観察にもとづき、ペティトーとマレンテットは、人間の子どもは誰でも、母語の音韻やリズムのパターンに気づき、それを自分で表す力を生まれつき持っており、そしてその力が現れ出るときに母語が音声言語か手話言語かは関係がないと論じました。手による喃語が日本手話を母語とするろう児にも観察できることは、武居(2005a)やマサタカ（Masataka 2000）でも報告されています。

2.2　手話の音韻発達のステップ

　喃語から初語への発達段階を通過したろう児の手話単語には、どのような特徴があるのでしょうか。手話の単語は目で見ることができるので「早く」「丸ごと」おぼえられるのではないかと、以前は考えられていました。しかし実際の発達プロセスは、その予想とは違っています。

　第1章で、手話単語は4つの音韻パラメータから構成されていることを説明しました（「手型」「位置」「動き」「手のひらの向き」）。その4つのうち、手のひらの向きを除いた3つを取り上げた研究では、それぞれのパラメータが異なったタイミングで発達することがわかっています。シードレッキとボンビリアン（Siedlecki and Bonvillian 1993）は、アメリカ手話を母語とする幼児

が発する手話単語の音韻的な特徴を分析しました。その結果、下の表にあるように、手話単語を構成するパラメータのうち、位置が最も早く使えるようになり、手型の正確な使用は最も遅く発達することがわかりました。位置が他のパラメータよりも早く身につくというパターンは、日本手話を母語とするろう児の調査でも確認されています（鳥越 1995: 10）。

表3　アメリカ手話を母語とするろう児の手話単語の音韻パラメータの正確さ
（Siedlecki and Bonvillian 1993 にもとづき作成）

月齢	音韻パラメータ別の正確な使用
～生後14か月	位置（84%）
5～18か月	動き（61%） 手型（43%）（調査期間の最後の2か月でも58%）

鳥越（1995）は、2～3歳のろう児の手話の「誤用（成人と異なる形）」を分析しています。そのパターンのひとつは、音韻パラメータのうち、手型と動きのどちらかが脱落するというものです。下の表は、日本手話の / 終わる / を、ろう児がどのように表したかを分析したものです。

/ 終わる /

表4 日本手話/終わる/のろう児の誤用（鳥越1995の記述をもとに作成）

	手型の変化	動き	
	手のひら上向き「5」手型から指先をくっつける手型に変化	上から下	
成人ろう者	○	○	両手を下方に動かしながら手を握る
ろう児の例1	○	×	手を握るだけで下方の移動なし
ろう児の例2	×	○	ゆるく広げた手を下方に動かす

実際のろう児の発達過程をよく分析すると、ろう児は手話表現を「丸ごと」おぼえようとしているのではないことがわかります。生まれたときから手話言語にふれているろう児は、手話表現は音韻パラメータの組み合わせから成り立っていることに自然に気づいているのです。

次の節でも、手話言語を母語とするろう児が、手話表現をジェスチャーとはっきりと区別していることを示す研究を紹介します。

3. 手話の発達とジェスチャーとの比較
3.1 指さし（代名詞）の発達

手話言語では指さしが代名詞として使われることが知られています。以下の3つの例では、一人称（私）、二人称（あなた）、三人称（祖父）が異なる場所の指さし（PT）で表されています。

(1) a. /PT1　毎日　日記　書く/（毎日私が日記を書いています）
　　b. /PT2　毎日　日記　書く/（毎日あなたが日記を書いています）
　　c. /祖父　10年前　死ぬ　PT3/　/PT3　毎日　日記　書く/
　　　（祖父は10年前に亡くなりました。（その祖父が）毎日日記を書いていました）

/PT1/ 　　　　　/PT2/ 　　　　　/PT3/

　この指さしは、聴者が使うジェスチャーによく似ています。しかし、ろう児の指さしの発達を調べた研究によると、ろう児は指さしをジェスチャーとしてとらえていないことがわかっています。

　まず英語を母語とする幼児の代名詞の発達過程をみてみましょう。英語では一人称に I、二人称に you という代名詞を使います。I は話し手自身、you は聞き手を指す表現です。したがって、話し手が交代すると、I と you が誰を指すかも変化します。この性質があるために、英語を母語とする幼児にとって、この代名詞の使い方を身につけることは簡単なことではありません。ペティトー（Petitto 1987）はろう児の指さしの発達研究の論文の中で、関連分野の先行研究にもとづいて、英語を母語とする聴児の発達のステップを以下のようにまとめています。

表5　英語を母語とする幼児の代名詞の発達プロセス
（Petitto 1987 の記述にもとづき作成）

ステップ1	初語の後に代名詞を使い始める
ステップ2	人称代名詞を使わなくなる。代わりに固有名詞（名前）を使う。例 "Jane do X"
ステップ3	you を使い始める。人称代名詞の使用に誤りが見られる

初期の代名詞の使用の後しばらくの間、代名詞の使用を避けるようになり、自分のことを指すときにも名前を使うようになります。ステップ3の段階で代名詞の使用が再び始まりますが、このときに人称代名詞の使用に誤りが

見られるという観察があります。
　その人称代名詞の使用の誤りとはどのようなものなのでしょうか。以下のような例があげられています。

（2）　母親：Do you want to go to the store?
　　　　　　（お店に行きたいの？）　　you＝子ども
　　　　子ども：Yes, you go store.
　　　　　　（うん、行きたい。）　　　you＝自分

この状況では、お店に行きたいのは子ども自身ですので、成人が使う表現は、"Yes, I go [to the] store." となるはずです。ステップ 3 の段階にある子どもに、you と I の使い分けが定着していないことがこの例からわかります。
　アメリカ手話を母語とするろう児の手話の発達も、ほぼ同じプロセスをたどることがペティトーの研究（Petitto 1987）からわかっています。

表 6　ろう児の代名詞の発達プロセス（Petitto 1987 の記述にもとづき作成）
※グラフの日本語版は鳥越（2008）

ステップ 1（生後 6 〜 12 か月）	自分や他の人物を指さす	
ステップ 2（生後 12 〜 18 か月）	ろう児の指さしが消失	
ステップ 3（生後 21 〜 23 か月）	自分のことを指して YOU を使う、代名詞を避けて固有名詞を使う	
生後 25 〜 27 か月	成人と同じ用法	

（グラフ：人に対する指さしの割合（％）、月齢 10〜28、ケイト・カーラ）

もしろう児が指さしをジェスチャーのようなものととらえているのなら、指さしが誰を指しているかは一目でわかるので、混乱することはないはずです。それにも関わらず、手話を母語とするろう児と英語を母語とする聴児の

代名詞の発達過程はほぼ同じです。このことは、ろう児が指さしをジェスチャーではなく、文法的な代名詞であると自然に認識していることを示しています。

3.2 手話の一致表現の発達

　ジェスチャーのように、目で見てすぐに情報がわかりそうに思える別の例が、手話の一致表現です（第2章参照）。たとえば/あげる/は、誰が誰にものをあげたのかが、動詞の動きの始まる地点から終わる地点を見ればわかります。

（3）　/本₁あげる₂/（私があなたに本をあげる）

聴者のジェスチャーでも似たような手の動きがみられることがあります。では一致を含む手話表現はろう児にとってわかりやすく、早く発達する表現なのでしょうか。

　マイアー（Meier 1982）は、ろう児3名（1歳6か月～3歳9か月）と、ろう児10名（3歳1か月～7歳）の手話の表現を分析しました。その結果、目で見てわかりやすい（図像性が高い）かどうかはその表現をおぼえるタイミングと関係しないことがわかりました。手話言語の一致表現は2歳ごろに観察されますが、最初は一致を反映しない形（辞書形）のままで使われます。マイアーは、英語を母語とする聴児のデータとの比較から、手話言語の一致に関する表現が音声言語の一致と同時期（3歳すぎ）に現れると結論づけました。

表7　アメリカ手話の一致動詞の発達プロセス（Meier 1982）

～2歳	一致動詞を避ける
2歳～2歳6か月	一致動詞でも、一致を反映しない形
3歳～3歳6か月	一致動詞を含む表出

　マイアーはその場にいる人物を指す一致を調べましたが、手話ではその場にいない人物を含めて一致を表すことができます。その場にいない人物を特

定の空間の位置にあてはめる場合は、空間とそれが指し示す人物との関係を理解したうえで手話表現を用いる必要があります。ロウ（Loew 1984）はその場にいない相手を含めた一致動詞の正確な使用が観察できるのはもっと遅い時期である（4歳9か月）ことを報告しています。

ベルージほか（Bellugi et al. 1993）は、3～10歳のろう児43名を対象に、絵の描写を用いた調査を行いました。男の子と女の子が絵を描いて遊んでいるうちに顔に絵の具を塗りあってふざけ始め、お母さんに叱られるというストーリーです。

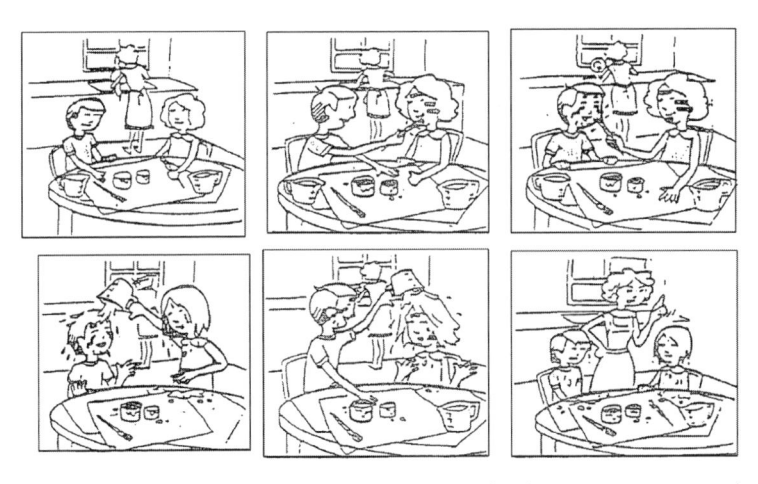

図3 一致動詞の調査に用いたストーリーの例　（Bellugi et al. 1993）

この研究では、正確な一致動詞の使用のタイミングは、他の研究よりも少し遅いと報告されています。

表8 絵を用いた一致動詞の表出（Bellugi et al. 1993にもとづき作成）

ステップ1（2歳以下）	短い表現、空間の利用なし
ステップ2（2歳半～3歳半）	絵の人物を指さして一致を表現
ステップ3（3歳半～5歳）	一致動詞を使うが一致が抜けている 空間の使い方が不安定
ステップ4（5歳～6歳）	正確な一致動詞の表出

空間に人物を結びつける能力の発達は、必ずしも一致動詞の発達と同時ではないこともわかっています (Lillo-Martin et al. 1985)。しかし、他の手話言語を対象にした近年の発達研究では、その場にいる・いないに関わらず一致動詞が同時期に出現することを示した研究もあります (Hänel 2005)。また、クアドロスとリロマーティン (Quadoros and Lillo-Martin 2007) は、ろう児の目線やジェスチャーと初期の一致動詞の発達との関係に注目しています。

3.3 CL 表現の発達

　他に、ジェスチャーのように見える手話表現に CL 表現があります (第5章参照)。シック (Schick 1990) のアメリカ手話を母語とするろう児の研究によると、3つのタイプの CL の発達の順序は以下のようになります。

表9　CL の発達の順序 (Schick 1990)

実体 CL (人、小動物など)	単純な意味と表現の結びつき、早期に発達
↓	
SASS (円型、円筒型など)	形と大きさの両方の情報が入っており、やや複雑な表現
↓	
操作 CL (鍵でドアを開ける等)	他動詞的な使用、複雑 位置は最も正確 (動詞として認識)

3つの中で最も早く発達する実体 CL は、意味と表現との関係が単純であるといえます。それに比べて、SASS は表すものの形と大きさというふたつの異なる情報が含まれますので、より複雑な表現です。操作 CL にはさらに、動作の主体や対象、道具などより多くの情報が含まれます。つまり、CL 表現に含まれる情報の複雑さにともなって、発達のタイミングが異なると考えられます。

　多くの CL 表現では、表現しているものの動きが詳細に示されます。たとえばどんな動きだったのか (まっすぐ、回転、よろける動きなど) や、どこからどこへ、どの程度の距離で動いたのか (軌跡・経路) の情報も、CL の動き

に含めることができます。ネイティブの幼児は、CL を含む手話表現がパーツの集合であることを感じ取っています。ニューポート（Newport 1988）は、成人ろう者の CL 表現の動画をろう児に再現させ、その軌跡を分析しました。その結果、ネイティブろう児は成人のモデルをパーツに分割して表現する時期があることがわかりました。左側にある線が、成人が表した CL の軌跡を取り出したものです。右側にある 3 本の線が、同じ CL を 3 人のろう児が表した場合の軌跡です。

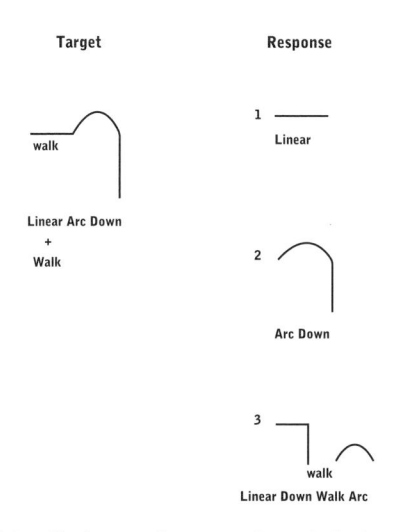

図 4　成人の軌跡のモデルとろう児の表出（Newport 1988）

この研究で観察されたデータからも、手話を母語とするろう児には、軌跡の表現を丸ごとジェスチャーのようにとらえるのではなく、部品に分割する傾向があることがわかります。ニューポートは、CL の軌跡の表現は、4～5 歳ごろに成人と同じようになると報告しています。

3.4　NM 表現の発達

　手話の発達研究では、NM 表現（非手指表現）と、顔の表情を含む「感情表現」との比較も行われています。ライリー（Reilly 2006）は、感情にともなう顔の表情と、文法に関わる NM 表現は 2 歳ごろに切り離され、異なる

なる発達過程をたどると指摘しています。また、アンダーソンとライリー (Anderson and Reilly 1997) は、ジェスチャーとしての首ふりと、アメリカ手話の否定表現の一部としての首ふりの発達プロセスはまったく別であると論じています。

表10　ろう児の首ふりの発達 (Anderson and Reilly 1997)

コミュニケーションの首ふり	否定の手話表現の一部としての首ふり
1歳ごろ出現 ろう児・聴児とも同じ	1歳半〜2歳半の間に順次出現 (NO, DON'T-WANT, CAN'T) 初期は不安定（手の動きだけ）

NM表現は、手指表現なしで使われることがあります。たとえばネイティブサイナーは、条件節を表す際に「IF（もし）」などの手指表現を用いず、NM表現だけを使うことができます（第3章参照）。ライリーほか (Reilly et al. 1991) は、ろう児14名（3歳3か月〜8歳4か月）の条件節のNM表現を調べた結果、以下のような年齢別のパターンを見出しました。

表11　条件節のNM表現の理解と産出

3歳児	理解：NMだけでは条件節を読み取れない。手話表現があれば3分の1ほど正解できる 産出：手の表現のみ、NMは使わない
5歳児	理解も産出もできるが、表出は正しくないときもある

2種類の疑問文に使われるNM表現の発達について調べた研究もあります。ライリーとマッキンタイア (Reilly and McIntire 1991) は、Wh疑問文のNMの表出は3歳6か月ごろであることを示しました。それに比べて、Yes-No疑問文のNMは1歳3か月と早く使われるようになります。このタイミングの違いについて、ライリーとマッキンタイアは、Wh疑問文にはWh疑問詞という手指表現が含まれているが、Yes-No疑問文にはNM以外の表現方法がないことが関連していると分析しています。

4. 手話の発達と年齢要因

　母語の発達には「臨界期」があることが広く知られています。臨界期とは、母語となる言語にふれなければならない年齢を指します。臨界期を超えてしまうと、その言語を母語として身につけることができなくなります。その証拠としてあげられているのがジーニーの養育放棄事例です（Curtiss 1977）。ジーニーは13歳7か月まで誰にも話しかけられない環境で養育されましたが、救出後の訓練やサポートにも関わらず、母語である英語を十分に使いこなせるようにはなりませんでした。（ジーニーの事例は、母語の臨界期に関するものですが、それに対して、第二言語を学習する場合には臨界期よりもゆるやかな考え方である「感受性期」が提案されています。）

　手話言語の場合にも、母語の発達に年齢が関係することを示したのが、ニューポートの研究です（Newport 1988）。ニューポートは、手話習得の開始年齢により、CL動詞を理解したり、表したりする能力が異なることを明らかにしました。対象となったのは22歳から77歳のろう者です。このろう者たちはアメリカ手話に初めて接した年齢によって、以下の3つのグループに分けられました。

- ネイティブサイナー：出生時から
- 早期習得者（アーリーサイナー）：3〜4歳から
- 後期習得者（レイトサイナー）：12歳以降から

　この3つのグループから「産出（アニメーション動画を見てその内容を手話で説明する）」および「理解（ネイティブサイナーが表すCL動詞を見て説明された場面を再現する）」の2種類のタスクを使ってデータが集められました。それぞれのタスクについて、CL動詞は「経路（どこからどこまで動いたか）」「様態（どんな動き方だったか）」「利き手の手型（CLの選択）」「非利き手による背景部分の手型（CLの選択）」に分割され、グループ間での比較が行われました。（両手を使うCL表現の「背景」の役割については、第5章を参照してください。）

　表12と表13は移動を表すCL動詞の正答率を表しています。まず理解

タスクですが、レイトサイナーは手型の部分で成績が悪くなっていることが、数値からわかります。特に背景部分の手型は、アーリーサイナーでも、ネイティブよりも理解度が下がっています。

表 12　CL 動詞の理解（正答率）

グループ （理解）	経路	様態	手型	手型 （背景部分）
ネイティブ	0.88	0.91	0.86	0.82
アーリー	0.85	0.89	0.81	0.69
レイト	0.80	0.90	0.61	0.47

　産出タスクでは、ネイティブと非ネイティブ（アーリー、レイト）の差がさらに際立っています。手話に早くふれたはずのアーリーサイナーでも、ネイティブのように CL 動詞を使いこなせていないことがわかります。

表 13　CL 動詞の産出（正答率）

グループ （産出）	経路	様態	手型	手型 （背景部分）
ネイティブ	0.89	0.90	0.82	0.74
アーリー	0.82	0.82	0.71	0.64
レイト	0.76	0.78	0.58	0.44

　ニューポートは、レイトサイナーの特徴として、CL 動詞を変化させずに使うことをあげています。たとえば、理解タスクでネイティブが提示した CL に半円を描くような動きや旋回する動きがあっても、レイトサイナーの表現では、それらは単純な一本線の動きに変わっていました。また、FALL-DOWN（転ぶ）という CL 動詞でも、下りの階段などで上に転んだ場合には、ネイティブサイナーはその状況に合わせて CL の表現方法（人を表す CL の向きや位置）を変えますが、レイトサイナーは実際の状況に関わらず辞書形（図 5）を使っていました。

図5　FALL-DOWN の辞書形

　ニューポートは、手話の使用年数に関係なく、手話言語に接した時期が遅れれば遅れるほど、手話を要素に分解せず、丸ごととらえようとする傾向が強いと述べています。つまり、手話言語の発達でも（音声言語の場合と同じく）年齢が大きな影響を及ぼすことがわかったのです。

5. 手話のクレオール化
5.1 ピジンとクレオール
　あるコミュニティでふたつの言語が接触する場合を考えてみましょう。政治的に影響力が強い言語が主に使われていたり、両方の言語が使われるようになったり、どちらの言語でもない別の共通言語が使われたり、個々の事例によって様々な言語使用の状況が生じます。ピジン（pidgin）はそのような状況で観察されるコミュニケーション手段のひとつです。ピジンの特徴には「ふたつの言語の語順や単語が入り混じる」「安定した文法が観察されない」「決まった職場や場面など、特定の状況のみで使われる」ことがあげられます。つまり、ピジンは異なる言語を使用する話者が、決まった場面での最低限のやり取りをするための手段であるということです。ビッカートン（Bickerton 1981）はハワイの移民労働者のピジンの例を取り上げ、話者の母語である日本語やタガログ語の影響がピジン英語に現れていることを示しました。

　しかしビッカートンは、ピジンを用いる人々の子ども世代が使っている「ことば」は、ピジンよりも安定した文法を持っていることに注目しました。

ピジンを話す親から生まれた世代に自然に生じた、独自の文法を備えた言語がクレオール (creole) です。ビッカートンはハワイやフランス領ギアナなど、様々な国で使われるクレオールを分析し、クレオールは人間が持っている言語知識が(親や教師に教えられたのではなく)自然に現れ出たものであると論じました。

手話言語は、聴者が主体のコミュニティでは必ずしも奨励されるものではなく、むしろ抑圧される立場にあります。また、ろう者の大多数が聴者の親のもとに生まれるという状況を考えれば、手話言語は母語使用者が極めて少ない、つまり少数言語でもあります。その結果、ろう児の周囲の言語データ(インプット)が貧弱(不完全)になることはよくありますが、そのような場合でも、ろう児本人は安定した文法を持つ言語を身につける「クレオール化」の事例が観察されています。ここでは家庭内で見られるクレオール化と、学校・コミュニティ単位で起こったクレオール化の例を紹介します。

5.2　家庭内での手話のクレオール化

ホームサインは手話言語とは異なり、ジェスチャーにもとづいたコミュニケーション手段です。ホームサインは各家庭で大きく異なっており、細かい情報は伝達できません。ゴールデン-メドウほか (Goldin-Meadow et al., 1984) は、両親とも聴で、口話教育を主唱する幼稚園に通うろう児を対象に、母親と子どものそれぞれが家庭で使うホームサインを分析しました。母親が使う身振りに決まったパターンはありませんでした。しかし、ろう児のホームサインの二語文では、他動詞であれば「目的語―動詞」の語順など、母親のホームサインとは異なる、一貫した傾向がありました。また、ろう児のホームサインでは、名詞的な身振りは動きが小さくなるなど、品詞によって手の表現が変化することがわかりました。その後の研究には、中国のろう児のホームサインも含められています (Goldin-Meadow and Mylander 1998)。

家庭内での手話のクレオール化のもうひとつの例は、シングルトンとニューポート (Singleton and Newport 2004) の研究です。ろう児サイモン(調査時7歳)は、レイトサイナーの両親のもとに生まれました。両親は

手話環境で育っておらず、アメリカ手話をおぼえたのは15歳と16歳という、手話を習得した時期がかなり遅いレイトサイナーでした。サイモンは聴の子どもと同じ学校に通っており、教員や他の生徒でアメリカ手話が少しでも使える人はいませんでした。親戚にも手話を使える人がいなかったため、サイモンが得られる手話のインプットはレイトサイナーの両親だけということになります。シングルトンとニューポートは、テッド・スパラ (Ted Supalla、第5章参照) が開発した言語テストを用いて、サイモンと両親の手話の理解と産出の両方を調査し、ネイティブサイナーの手話と比較しました。

　両親の手話には、ネイティブサイナーが使わない表現が多く含まれていました。たとえば「車が丘の坂道を上がっていく」情景は、実体CLを用いた動詞で表現できますが、サイモンの両親はそのような表現を使えず、代わりに「CAR MOVE STRAIGHT UPHILL (/車　動く　まっすぐ　上り坂/)」と、英語のように単語を並べて情景を表現していました。両親の手話が英語の文法に強く影響を受けた混成手話であることがわかります。また、両親の手話の文法は不安定で、ネイティブサイナーの手話には自然に含まれる情報が抜け落ちていました。

　それに対して、サイモンの手話表現のテストスコアは、同じ年齢のネイティブサイナーの子どもとほぼ同じでした。両親が使っていたCL動詞を個々の単語に分割するような表現は、サイモンはほとんど使いませんでした。サイモンは、両親が使う手話に時折見られる文法的パターンを自然に認識し、その文法をより安定した形で身につけていったと研究者は結論づけています。

5.3　コミュニティ内での手話のクレオール化：ニカラグア手話の誕生

　前の節で見てきたように、不安定なインプットから、より安定した「言語」が生まれるのがクレオール化です。クレオール化がコミュニティ単位で起こったのが、ここで紹介するニカラグア手話の事例です。

　ニカラグアでは長らく政情不安が続き、1977年になって初めてろう学校小学部が設立されましたが、そこではスペイン語を使う口話教育が奨励され

ていました。それまでろう児は個々の家庭でホームサインを使って生活しており、広く共有された手話言語は当時はありませんでした。学校の創立時に就学した子どもたち（第1世代）は、休み時間などにそれぞれのホームサインを持ち寄って作ったピジンでコミュニケーションをとっていました。これは LSN (Lenguaje de Signos Nicaraguense レングァヘ・デ・シニョス・ニカラグエンセ) と呼ばれています。LSN の特徴は個人差が激しいこと、一貫した文法がないこと、回りくどい表現が多いこと、ジェスチャーに近い（図像的な）性質を持つことなどです。しかし、4歳以下で就学して LSN にふれた子ども（第2世代）の手話は、LSN とは違っていました。これは ISN (Idioma de Signos Nicaraguense イディオマ・デ・シニョス・ニカラグエンセ) と呼ばれています。ISN には、文脈ではなく規則で語順が決まるという特徴があります。また、体を移動させることで他者の視点を表現するRS（第5章参照）や、CL 動詞を豊かに変化させた発話が見られます。

　センガス (Senghas 1995) は、異なる年齢でろう学校に入学したニカラグアのろう児がアニメーション動画の内容を手話で説明したものを分析しました。その結果、入学時の年齢が低いグループの方がより複雑な手話表現を使いこなしており、一致動詞や CL 表現もより多く用いることがわかりました。センガスの研究グループは、第1世代から第3世代までのニカラグア手話話者の移動を表す動詞の分析を行っています (Senghas et al. 2004)。そこでもやはり、第1世代が使う LSN は、聴者のジェスチャーに近い性質を持っていることがわかりました。ニカラグアろう学校では第4世代以降の生徒たちが在学しており、ニカラグア手話を使うろう者の数は増え続けています。ただし、ニカラグアのすべてのろう者がこのろう学校に就学するわけではなく、ホームサインを生涯使って生活するろう者は珍しくありません。そのようなホームサイナーを対象とした研究も行われています (Coppola and Newport 2005 など)。

　このように、言語を共有するコミュニティがある限り、周りの大人の助けがなくても、子どもたちの間で新しい言語が生まれ発展していきます。センガス (Senghas 2003) は、子どもたちがそれぞれの世代で少しずつ手話の文法を発達させて、次の世代がその言語をさらに発展させる、いわば言語進

化のプロセスが存在すると述べています。ニカラグア手話のような「若い言語(発展途上の段階にある言語)」の研究は、手話言語学を含む認知科学の重要なトピックのひとつになっており、世界各地で活発に研究が行われています。

6. おわりに

　この章では、手話言語を母語とするろう児の言語発達は、音声言語の発達と同じようなタイミングで、少しずつ段階を踏んで進んでいくことを見てきました。手話の表現が図像的（ジェスチャーや絵のように見てすぐわかる）性質を持つことは発達のプロセスには大きく影響しないことが、多くの研究で明らかになりました。つまり、言語の発達のプロセスは人間に共通しており、母語に「音声」があるかないかは、大きな違いではないと考えられます。手話言語の発達にも臨界期があり、ろう児が早い時期から手話言語にふれる機会を持つことは、豊かな言語発達のために大変重要です。言語学・心理学の研究者は数多くの研究成果を引用しながら、人工内耳を使用する場合であっても、ろう児が早期に手話言語にふれられる環境を保証することの重要性を訴えています (Humphries et al. 2014)。

この章のまとめ
- 手話は自然言語であり、その発達は音声言語の場合とほとんど同じプロセスとタイミングで進む（喃語→初語）
- ろう児は手話を丸ごとおぼえているのではなく、無意識に手話を分析し、異なる性質を少しずつ身につける
- 早い時期に手話にふれることが必要である（臨界期の存在）
- インプットが不十分でも文法が自然に習得される事例がある（手話のクレオール化）

もっと詳しく知りたい人のために

【手話の発達研究に関する文献】

海外の研究を簡潔にまとめ、日本手話の研究と比較したものには武居 (2005ab) や鳥越 (2008) があります。アメリカ手話の発達に関する研究を概観するにはチェンピクラー (Chen Pichler 2012) が有用です。シック (Shick 2006) には一致動詞・CL・RS の発達研究の情報があります。ホームサインと手話のクレオール化については、アドーン (Adone 2012) とゴールデンメドウ (Goldin-Meadow 2012) に関連研究の紹介があります。ハンフリーズほか (Humphries et al. 2014) は、言語学者だけではなく医療・教育の関係者やコミュニティリーダーの啓蒙を目的として書かれたもので、ろう児の手話の発達に関する膨大な文献リストが含まれています。

第7章

手話研究を行うために

1. はじめに

　手話言語学の研究は日本では数が少なく、基本的な情報の共有が不足しています。この状況を改善するためには、たくさんの人が正しい言語学の知識を持ち、国内外の研究者が参考にできる研究をすることが重要です。この章では、手話の言語学に興味を持って、自分でもテーマを探して研究をやってみたいと考えるろう者と聴者のために、言語研究の基本的な考え方や注意するべき点について説明します。第2節ではネイティブサイナーからデータを聞き取ることの重要性について、第3節では手話研究に興味を持つろう者・聴者への情報提供を行います。

2. 手話言語学の研究対象：ネイティブサイナーの言語知識

　言語学者が研究対象としているのは、母語話者（ネイティブサイナー・ネイティブスピーカー）の文法判断です。ネイティブサイナーとは、出生児から手話環境にあり、手話を母語として身につけたろう者を指します。日本手話という言語の研究をするなら、母語話者ではない人の言語データを混ぜて分析することはできません。たとえば、日本語の言語学的な性質を研究する

場合なら、出生時から日本語にふれており、日本語を母語として身につけたネイティブスピーカーからデータを集めます。バイリンガル環境にある人や、様々な事情で言語獲得が出生時より遅れた人、別に母語があって日本語を後から勉強した人のデータを一緒にして日本語の文法の基本的な性質を論じることはありません。他の言語を母語とする学習者のデータは、別の分野（第二言語習得）の研究対象ですので、分けて考える必要があります。同じように考えれば、手話を母語としないろう者やコーダの判断を用いて日本手話の研究をすることには問題があるということになります。

　ただ、ネイティブサイナーなら誰でもいいということではありません。母語話者であっても、言語学の訓練を受けてメタ言語意識（言語を客観的に、第三者として観察して記述する能力）を高めていないと、ある言語の文法的パターンをはっきり指摘することはできません。たとえば、日本語の母語話者であっても、助詞「は」「が」の基本的な使い分けを他の言語の母語話者に説明する場合には、日本語の言語学の知識が必要です。言語は身近なものですが、その仕組みや特性を考えるには訓練が必要です。心臓や血管、脳は私たちにとって身近なものですが、その仕組みや特性をみんなが理解して使っているわけではないのと同じです。さらに例をあげると、自動車を運転することとその物理的な仕組みや特性を理解するのは別のことです。ロケット工学者はロケットを操縦することはできませんし、宇宙飛行士がロケットを建造することもできません。あるものを「使いこなすこと」と「その性質を探求し、理解すること」は異なる活動であり、異なる訓練が必要なのです。特定の言語を身につけて使うこと（語学）とその性質を研究すること（言語学）の違いも同じように考えることができます。

3. 手話研究を行う際の注意点
3.1 研究トピックの設定
【言語研究の手法を知る】

　この本で説明してきたように、手話言語には音声言語には見られない特徴があります。したがって、音声言語の分析方法が手話言語に必ずしもあてはまるとは限りません。しかし、手話言語学の分野は研究者の数もデータも限

られており、発展途上の段階にあります。言語学の研究手法は、様々な言語の分析を積み重ねることで発展してきました。手話言語も人間言語のひとつですので、まず言語研究の基本的な考え方を踏まえて研究を行うことが大切です。ただし、手話言語の研究を進めていくうえで、音声言語の研究手法にこだわりすぎる必要はありません。音声言語の考え方があてはまらないと考える場合は、なぜそうなのか、手話の場合にはどのような分析が必要かを丁寧に説明すればよいのです。そのような考察をするためにも、音声言語の分析方法についてよく理解しておく必要があります。言語学の分野に貢献できる（他の研究者が参考にできる）研究をしたいと希望するのであれば、言語学を専門として大学院で訓練を受けるか、言語学の専門家のアドバイスを求め、一緒に研究を行うことなどで、言語研究の基本を理解する必要があります。

　言語学を含む学問分野には、それぞれ決まった研究の進め方や発表の形式があります。他の研究者が研究成果を参考にして、さらに研究を進めやすくするためです。分野や研究対象などによって少しずつ違いはありますが、データを用いて結論を支える手法をとる研究の場合、基本的な情報は下のようなものです。

1. 研究の背景：この研究がなぜ大切か、以前に誰かが研究していたか、何が既にわかっているか
2. 研究の目的：何を対象として、何を明らかにしたいのか（この研究で答えたい問いは何か）
3. 研究の手法：誰からどのような方法でデータを集めるのか、どうやってデータを分析するのか
4. 結果と分析：集めたデータを分析した結果、何がどこまでわかったか
5. 将来の展望：今後何を調べ、考えるべきか

研究の計画をたてる時点から、上の流れを考えることはとても大切です。1から3の部分を考える際には、以前になされた研究の成果についての情報が必要です。そのための文献調査について、少し考えてみましょう。

【海外の手話研究の成果について知る・書記言語や外国手話を習得する】

　ろう者が文献情報を得るためには、日本語や英語などの書記言語を習得する必要があります。手話とは文法が違う言語を文字を通しておぼえることに対して、負担が大きいと感じるろう者は多いと思います。しかし、手話言語学やろう教育などで重要な最新情報は海外で発信されていることが多く、その多くは英語で書かれています。日本語に翻訳されるものはその中でもごく一部で、その翻訳がなされている間にも新しい情報が次々と出てきます。質のよい情報を得るためには、参考文献を見つけて読む能力の習得を避けて通ることはできません。学術文献の検索方法に加えて辞書や翻訳ソフトの使い方を習得し、書記言語（特に英語）の文献から情報を得ることは、手話研究の分野でも大切です。日本語や英語を読む力を持つろう者・聴者が、他のろう者と情報を共有することも重要です。

　最近は、海外のろう者がアメリカ手話（ASL）で情報を発信する動画もネット上にたくさんあります。また、手話言語学の文献では、アメリカ手話の基本単語に手話表現の写真や説明がついていないことがよくあります。手話言語学のような研究者が少ない分野では特に、海外のろう・聴の研究者との情報交換が必要です。このような理由から、手話言語学を志す人には、ろう聴問わず、英語と ASL の習得が推奨されます。

3.2　手話データの収集
【ろう者の意見・気持ちを尊重する】

　聴者が手話言語の研究を行う場合に最も大切なことは、ろう者の言語と文化を尊重する態度です。具体的にはデータを集める際に「ろう者側の気持ちに配慮する」ことです。その方法についてこれから項目別に解説しますが、迷ったときには「ろう者本人に意向を尋ねる」ことが大原則です。通訳がいるからといって、研究者本人がろうの協力者と直接コミュニケーションをとらないという態度も問題です。あいさつ程度の手話でもジェスチャーでもよいので、研究協力への謝意を表し、積極的にコミュニケーションをとるようにしましょう。日本の「ろう文化」のまとまった記述はそれほど多くはありませんが、ろうコミュニティになじみのない人は木村（2007）などを参

照し、自分が出会ったろう者の考えを尋ねてみるのもよいと思います。日本のろう者を取り巻く社会環境・ろう教育についての基本知識を得るには斉藤（1999）、金澤（2001, 2012）、佐々木（2012）などが有用です。

【個人情報などの倫理的配慮】

　どんな人にも、自分の顔写真や個人情報を守る権利（肖像権）があります。おおまかな研究の目的とデータの公開範囲や個人情報を保護するための具体的方法を明記した書面を用意し、聞き取り調査の前にその内容を（できるだけ日本手話を用いて）説明し、同意書を作成しましょう。近年は日本でも多くの大学で研究倫理審査委員会が設置されており、所定の書式や審査プロセスがありますので、言語研究者も積極的にそれらの制度を利用するとよいでしょう。たとえば慶應義塾大学の研究倫理審査委員会の書式では、以下のような項目について、研究参加者に説明することが求められています。

1. 研究協力の任意性について（研究参加が強制ではないことを確認）
2. 研究目的
3. 研究方法・期間
4. 研究計画等の開示（どのような条件で研究計画の情報を公開するか）
5. 研究に協力することの利益および不利益（たとえば聞き取り調査の協力にかかる時間も「不利益」に入ります）
6. 個人情報の保護（期間・具体的なデータの保管方法）
7. 結果の開示（いつどのような条件で分析結果を参加者に公開するか）
8. 研究成果の公表（どこでどのように発表するか）
9. 研究から生じる知的財産権の帰属（著作権・特許が誰に属するか）
10. 研究終了後の資料の取り扱い（データ保存期間）
11. 費用負担に関する事項（謝金や交通費支払の有無、金額など）
12. 研究についての問い合わせ先（メールアドレスなど）

　手話研究では動画の扱いも重要です。NM 表現も手話の文法の一部であることを考えれば、分析対象となる動画にインフォーマント（データ提供者）

の顔が含まれてしまうことは避けられません。学会・講演会・論文などで動画や写真を本人の許可なく公開することがないように配慮しましょう。インフォーマントに動画の公開範囲を尋ねる際には「研究者同士のディスカッション」「学会発表」「一般向け講演」「ウェブ上での公開」など、具体的な場面を設定して、それぞれについて意向を尋ねるとよいでしょう。動画公開の同意書に決まった書式はありません。以下のサンプルでは、状況別に○・△・×を記入する形式をとっています。

動画データの公開範囲に関する同意書

データ管理責任者：
動画提供者：
今日の日付：
動画の内容と撮影時期：

公開範囲
○・・・可　　△・・・事前の許可が必要　　×・・・不可

	その場で見せる	写真入り資料の配布	動画の配布
研究グループのメンバー			
研究者の集まり・学会（発表や講演）・大学の授業			
一般向けの講演・講座			

その他の希望：

図1　動画公開の同意書サンプル

【筆談・メールで質問しない】

　多くのネイティブサイナーは書記日本語とのバイリンガルです。筆談やメールでの質問など、日本語を媒介言語（ばいかいげんご）として聞き取り調査をすると、相手の言語の感覚が「日本語寄り」になってしまい、そのことが日本手話の文法判断に影響することが考えられます。また、日本語や手指日本語（日本語対応手話）を通したコミュニケーションは、日本手話を母語とするろう者に不必要なストレスを与えます。自身もろう者である中山（2014）は、ろう学校での日本語指導の様子を、インタビューにもとづき報告しています。

　　「先生は話しながら黒板書きだけをしているという感じで、その文の意味は何かとか、「を」「に」「が」などの使い方の勉強はまったくありませんでした。そのため、先生の話している内容がまったく理解できず・・（中略）・・今も日本語を正しく書けません」　　　（72ページ）

　　「私が書く作文も赤だらけでしたが、なぜ、間違いなのかの説明はしてくれませんでした。」「先生方は手話ができないのだから（略）」
　　　　　　　　　　　　　　　　　　　　　　　　　　（81ページ）

日本語の読み書きによるコミュニケーションは、多くのろう者には負担であり、自然な言語データを集める妨げになります。

　理想的な対応は、研究者自らが日本手話を習得したうえで、ホワイトボードなどでキーワード等を確認しながらコミュニケーションをとることです。手話研究を主たる研究分野とする人の場合は、これは必要不可欠な条件といえるでしょう。しかし、日本手話の習得には時間と労力が必要とされ、手話研究を専門としない人にとっては、現実的なオプションではないこともあると思います。その場合の対応としては、手話が流暢な研究者との共同研究を検討したり、言語学の知識がある手話通訳を依頼することが考えられます。手話通訳を依頼する場合は、事前の打ち合わせを十分に行い、通訳が質問の意図を理解し、例文の日本語を自分で手話に訳してしまったりすることがないように配慮する必要があります。

また、手話言語には音声言語に対応しない（翻訳が不可能であるような）表現が多く見られます。日本語の例文を日本手話に翻訳するような質問は、極力避けた方がよいでしょう。絵やアニメーション動画などで文脈（状況）を提示し「このような場合にどのような表現を用いるか」という質問が有効です。

【インフォーマントの人数】

　インタビューを受ける立場のろう者が、ときに判断が難しいようなデータについて、聴者から1対1で質問を受けることに抵抗感を持つのは自然なことです。特に研究者が日本手話を使えない場合は、違和感を感じたり緊張してしまうろう者が多いようです。可能な限り、2名以上のネイティブサイナーを呼び、ろう者同士で相談しながら答えてもらう形式をとることは、インフォーマントのストレス軽減の観点から望ましいといえます。ろう者同士の話し合いの中から重要な観察が出てくることもあります。数名で答えを出すことが話者に与える影響について心配がある場合は、後日、別の機会にひとりで来ていただいてデータを確認してもらうとよいでしょう。

【手話データの記録・分析】

　手話言語の表現ではNM表現や空間の使い方が重要な影響を及ぼす場合が多いため、基本データの記録には原則として動画を撮影する必要があります。手話表現のラベル表記（「はじめに」参照）は、論文や発表スライドで重要な部分だけを取り出して、残りを省略するための便宜的な提示方法ですので、生データの記録には適していません。

　近年、手話言語学で広く利用されているソフトが、ELAN (EUDICO Linguistic Annotator) です (Sloetjes and Wittenburg 2008)。ELANはオランダのマックスプランク心理言語学研究所 (Max Planck Institute for Psycholinguistics) で開発され、公式サイトからWindows, Mac OS, Linuxを問わず、最新版が無料でダウンロードできます。このソフトを使えば、映像や音声データなどのメディアファイルを取り込み、手話ラベルや注釈（コメント）を個別のtier（層）として書き込み、映像と同期させることができます。Tierはいくつでも設定できますので「ラベル」「日本語訳」

「頭」「眉」「口」などの NM 表現の情報を記述・表示できます。必要ない tier は一時的に非表示にできますし、動画の指定した部分のみの繰り返し再生・スロー再生・コマ送りなどができますので、手話に習熟していない研究者でもデータの確認が容易です。以下のサンプル画像は南田ほか（2011）の手話教材開発プロジェクトで作成されたものです。

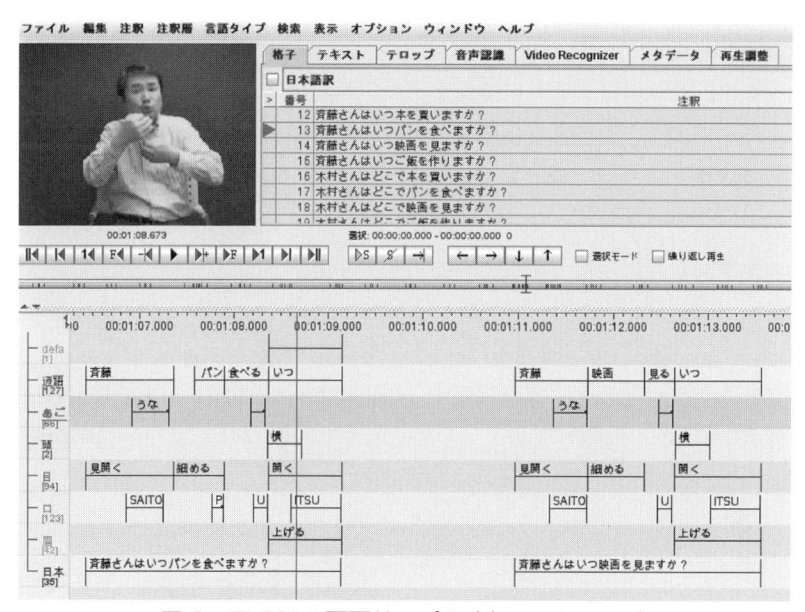

図 2　ELAN の画面サンプル（南田ほか 2011）

サンプルの下半分にある tier（層）は「（逐語訳）ラベル」「あご」「頭」「目」「口」「眉」「日本語訳」です。たとえば最初の手話文（/ 斉藤　パン　食べる　いつ /）の下にある「あご」tier ではうなずきのタイミング、「頭」tier では横の首ふり、「目」tier では目を見開いたり細めたりするタイミング、「口」tier では口型、「眉」tier では眉上げのタイミングが示されています。

　日本語版の ELAN とマニュアルは日本ろう福音協会 ViBi のウェブサイトで配布されています（この章の最後に情報があります）。

3.3 研究成果の発表

【スライド・資料について】

　研究発表や講演などで、ろうの聴衆がいる場合は、図表やグラフなどの視覚資料を使う際に注意が必要です。発表の間、ろう者は発表者または手話通訳を常に見ている必要があるため「資料を見ながら・メモをとりながら話を聞く」ということができないのです。グラフや図などがある場合は、ろう者はまずそれらのイメージをつかんだうえで、説明の手話通訳を見る必要があります。そのような状況に慣れていない聴の発表者は、特に注意が必要です。パワーポイントなどを使用する場合、ろう聴衆が各スライドを見る時間を数秒確保し、聴衆の様子を確認してからスライドの説明を始めましょう。配布資料はメモ代わりになりますので、スクリーンに提示する資料と同じものを印刷して事前に配布するとよいでしょう。

【他の人のスライドや情報を参考資料として使いたい場合】

　他の人が作ったスライドや資料を引用する場合は、勝手に内容や表記を変更せず、「誰が」「いつ」「どこで」使ったものかがわかるように引用情報を明記しましょう。

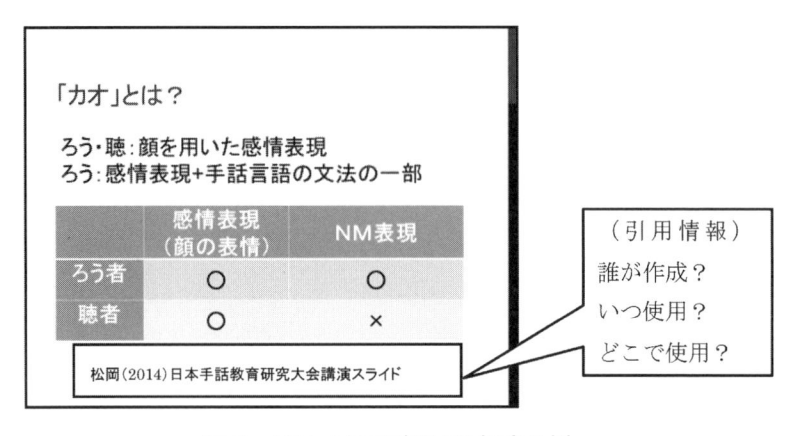

「カオ」とは？

ろう・聴：顔を用いた感情表現
ろう：感情表現＋手話言語の文法の一部

	感情表現（顔の表情）	NM表現
ろう者	○	○
聴者	○	×

松岡（2014）日本手話教育研究大会講演スライド

（引用情報）
誰が作成？
いつ使用？
どこで使用？

図２　スライドを引用する場合の例

　ある事柄の定義や他の人の分析を文章で引用する場合も、引用元をはっきり

させましょう。引用の仕方には決まったルールがあります。筆者の表現をそのまま引用する場合は、引用符「」を使うか、本文の一部ではないことがわかるように上下左にスペースを入れるなどして文章を配置します。引用した情報を説明する文の最後に著者の姓と出版年を（　）を用いて提示したうえで、文章の最後に引用文献のリストをつけます。この本の引用表記と引用文献リストを参考にしてください。要約をする場合は、もとの文の内容・筆者が言いたいことが変わらないように注意してまとめる必要があります。

【手話通訳を依頼する場合】
　今の日本の状況では、すべての手話通訳者が日本手話にスムーズに対応できるわけではありません。手指日本語（日本語対応手話）のスキルがあれば、日本手話の読み取りや表出スキルが不十分であったとしても手話通訳者の資格をとることができます。また、派遣団体によっては日本手話ができる通訳を指名できないケースもあります。それに加えて、学術的な内容に対応できる日本手話の通訳者は数が限られています。専門的な内容の発表・講演での手話通訳を依頼する場合は、ネイティブサイナーや日本手話を取り巻く状況に詳しい人たちに、時間の余裕を持って相談する必要があります。通訳者は15分ごとに交代しますので、2名の手配が必要です。
　通訳者が決まったら、原則として本番の1週間前までにパワーポイントのファイルや配布資料を送付します。通訳者はそれらを用いて専門用語の確認など事前準備を行います。提出後の資料に修正がある場合は、当日の打ち合わせの席で説明することが多いようです。イベントの開会や閉会のあいさつも、事前に通訳者に原稿を提供すれば、通訳者は話の流れがつかめて準備しやすくなります。当日の事前打ち合わせは、通訳者が発表者の話し方の特徴をつかみ、内容の最終確認をするために必要です。打ち合わせの時間は30分程度が目安ですが、内容だけではなく、会場で通訳者が立つ位置の確認や、司会者との打ち合わせも含まれます。通訳者は専門の訓練を受けていますので、打ち合わせで通訳者からのコメントがない限り、発表の際に話すスピードを変える必要はありません。

【バイモーダル発表】

　近年、海外の学会発表などでよく見られる方法です。ここでの「モーダル」とは視覚・聴覚などの「感覚・五感」を指します。バイモーダル（二種類のモーダル）の発表とは、視覚言語（手話言語）と聴覚言語（音声言語）を同時に用いて発表する方法です。具体的には、ふたりの発表者のひとりが手話言語、もうひとりが音声言語を用いて同じ内容を提示する方法です。この方法の最大の利点は、通訳を介さず、それぞれの言語に最も適した表現方法で情報を伝達できることです。ただし、この発表方法は、発表者のそれぞれが自分が担当する言語に習熟しており、発表内容をよく理解していることが前提となります。また、それぞれの言語で同じ内容を説明する時間に差が出ることがありますので、事前のリハーサルで調整します。

3.4　研究成果がまとまったら

【聴者からろう者への情報提供】

　インフォーマントとして研究に参加されるネイティブサイナーのほとんどは、手話研究に強い関心を持っています。研究者は、簡単なまとめであっても、研究成果をろう者側に還元する意識を強く持つ必要があります。また、言語学の基本的な知識についても、ろう者には適切な情報を得る手段が限られていることを認識し、普段から言語学の研究方法やその成果に関する情報をろう者と共有することも大切です。ろう者に情報提供をする際には、専門用語にふりがなをつける、箇条書きや画像・図表を活用するなど、できるだけろう者がわかりやすい提示を心がけましょう。インフォーマントに言語学の知識があることは研究をする側にとっても重要です。情報共有の活動の中で、ろう者自身がデータを収集し分析する活動を支援することは、手話研究の分野への大きな貢献になります。ネイティブだからこその重要な気づきや発見に注意を払う必要があります。

【英語での情報発信】

　海外の手話研究では、異なる手話言語間の共通点や相違点を比較するプロジェクトが盛んに行われています。しかし、そのような研究データは、記述

が進んでいる一部の手話言語に偏りがちです。日本手話を含むアジアの手話言語の調査研究について、海外の研究者が入手できる情報が非常に限られていることが、この分野全体の問題として指摘されています。特定の地域の手話言語に研究が偏らないよう、日本語・日本手話に偏らない（英語や海外の手話言語での）情報発信を行うことが重要です。Theoretical Issues in Sign Language Research (TISLR) など、手話研究に関する大きな国際学会での情報交換も有効です。そのような学会の公用語としてよく用いられるのは英語・アメリカ手話・国際手話などで、どの言語が公用語になっているかは、その学会の公式サイトで事前に発表されます。経費を確保して自分が使う手話の通訳を手配する人もいます。

4. おわりに

　この章では、手話の言語学に興味を持ち、実際に研究をやってみたいというろう者と聴者が知っておくべきことを説明しました。「ろう者だけ」「聴者だけ」と分かれて活動するのではなく、互いの知識を生かして研究を進めていくことが最も大切なことです。そのためには何よりも、互いの言語・文化・立場を尊重する気持ちが必要です。

この章のまとめ
- 手話の基本データは、ネイティブサイナーから集める
- 言語研究の手法を知り、国内外の文献調査を積極的に行う
- データを聞き取る際には、インフォーマントの気持ちに配慮し、個人情報の保護や研究の目的などについて説明する
- 日本語の影響が出るような質問方法を避ける
- 手話データの記録・分析には ELAN などのソフトを活用する
- 成果の発表にあたっては、ろう聴衆と手話通訳者のニーズを理解する
- 海外にも情報発信する

【ウェブサイト】

日本ろう福音協会 ViBi 手話研究に便利なソフト「エラン」
http://j-dem.net/?page_id=376

Max Planck Institute for Psycholinguistics, The Language Archive, Nijmegen, The Netherlands　https://tla.mpi.nl/tools/tla-tools/elan/

おわりに

　この本の手話版の動画撮影用のスライドを作ってくれた学生アルバイトU君は、ろう者と一緒に英語を勉強するグループに参加していましたが、日本手話はほとんど使えません。しかし言語学に強い興味を持っており、いろいろな言語学のクラスを履修して勉強していました。そのU君は、ある日のランチで「どうして日本手話が言語だっていうことがわからない人がいるんでしょうか…」と不思議そうにつぶやいていました。私の周りの言語研究者も同じような感覚を持っています。言語学の知識をしっかりと身につけた人間が、ネイティブサイナーが使う手話を見れば、直感的に「これは言語だ」とわかると言うのです。欧米に留学された方の場合は、たいていの言語学の教科書に手話言語学の章が入っていますので、それらを通して手話言語が人間言語のひとつとして研究されていることを知る機会があるようです。
　私自身も、手話との出会いはアメリカ留学中に履修した大学院の手話言語学のクラスでした。当時の私の専門は、聴の子どもの母語の文法発達の研究でした。しかし大学院ではろうインフォーマントとの交流があったり、授業の期末レポートを発展させてアメリカ手話の統語論の論文を書いたり、指導教員の手話研究の助手の仕事をしたり、手話言語学を身近に感じられる環境にいましたので、「手話が言語ではない」と考える人たちがいるとは思い

もしませんでした。そして、日本でも手話言語学者の研究成果がたくさんあり、探せば論文や本などがあるだろうと思っていたのです。

　現実はまったく違っていました。

　2000年にアメリカの大学から日本に転職したとき、まず日本手話の基本的な記述を探してみましたが、言語研究の基本的な訓練を受けた専門家が、ネイティブサイナーの文法知識を、他の研究者が参考にできる形でまとめた資料が見当たらなかったのです。評価が高い専門誌に査読つきで出ているような論文も、日本手話の言語学的な分析に関する書籍もほとんどありませんでした。「日本手話の文法はこうで、このように日本語と違っている」という説明をするための「具体例」の情報が、ろう者にも聴者にも圧倒的に不足していたのです。

　その結果、日本では少数言語である「日本手話」と手指コミュニケーション法である「手指日本語（日本語対応手話）」と、そのふたつが混じり合った「混成手話（中間手話）」の違いがはっきりと理解されず、そのすべてが「手話」と呼ばれて区別があいまいにされていると知ったのは、かなり後になってからのことです。日本手話のデータ提供者であるべきネイティブサイナー（デフファミリー出身者）の数が極端に少ないこと、またそのほとんどが、ろう学校で手話が使えない教員に口話教育を受けており、成人後も日本語の読み書きに苦手意識や抵抗感を持っていることも知りませんでした。

　当時の私は「言語学は語学とは違う。手話をおぼえることと手話を研究することは別」と考えていましたので、こんなに情報がないなら研究は無理だと考え、日本手話の研究をあきらめることにしました。

　しかし、そのように考えていた間にも、海外の手話研究者が来日した際には交流の機会があったり、個人的に手話言語に興味を持つことを奨励してくださる方がいたりで、手話研究とのつながりは細々と続いていました。そしてある日、まったく予期しない出会いをきっかけに、「私が通訳をします。ろうインフォーマントも探してきます。手話の研究をやりましょう」と申し出てくださる方が出てきたのです。それが私の研究キャリアの大きな転機となりました。

　研究費を得て本格的に手話研究に着手したのが2008年です。手話ができ

ない、ろう者とのネットワークもほとんどない、議論の相手もいないという状況で、研究はなかなか思うようには進みませんでした。ろう者向け・聴研究者向けの手話言語学の研究会に関わる中で新たな協力者との出会いがあり、勉強が進んで日本手話がある程度使えるようになったとき、手話言語学に興味を持つネイティブサイナーとのつながりが一気に広がりました。日本には日本手話の研究資料が極端に少ないので、自分で手話をおぼえてネイティブからデータを聞き取るしかありません。言語学と語学は確かに別のものですが、今はその違いにこだわれる状況にはないと考えるようになりました。

　日本手話がまったくできなかった頃、そして勉強を始めたばかりで手話が拙かった頃から今まで、研究に協力してくださったり、言語学を一緒に勉強してくださったり、様々な環境のろう者の視点や文化について話し合ってくださったろう者のおひとりおひとりに心から感謝しています。そして手話研究に関心を持つ日本の言語学者の方々、私に初めて手話言語学を指導してくださったコネチカット大学のダイアン・リロマーティン教授をはじめとする海外の手話研究者からの励ましが途切れることもありませんでした。学校法人明晴学園からは研究者スペースの使用許可をいただき、手話研究に強い興味を持つろう・聴の皆さんと頻繁に交流する機会をいただきました。共同研究や手話言語学ワークショップや研究会、その他の場所でも、たくさんのろう者や研究者が日本手話と手話言語学の話を熱心に聞いてくださいました。学会発表や講演でお世話になった通訳者の方々にも、手話研究に興味を持つ方が少なくありませんでした。いろいろな方との交流を通して、ろう者と聴者の双方から日本手話の研究成果が求められていることをはっきりと感じていましたので、自分の力量が足りずに苦しいことはあっても、研究活動そのものに対する迷いはありませんでした。今後もそうでありたいと願っています。「聴者の自己満足」と批判されるような活動ではなく、ろう者の方々と一緒に、皆さんの関心に応えられる研究を続けていきたいと思います。

　私が今のような研究活動ができているのは、日本手話の存在がほとんど認識されていなかった時期から、日本手話に関する情報発信をしてこられた先達の皆さまの努力があったからです。とりわけ、木村晴美さんと市田泰弘さ

んが 1995 年に発表された「ろう文化宣言」(『ろう文化』青土社に再録)という論考がなければ、今ほどたくさんのろう者や聴者が日本手話という言語に興味を持ち、研究をサポートしてくださる環境はなかったのではないでしょうか。おふたりをはじめ、日本手話という言語の認知を少しでも高めようと努力してこられた皆さまに、あらためて深い敬意と感謝の意を表したいと思います。

　最後の章(第 7 章)は、通常の入門書なら補章としてもよい内容かもしれませんが、この本の場合は、他の章と同じぐらいの重要性があると思います。日本手話の研究成果があまりにも不足しているからです。これはひとりやふたりの研究者の努力で改善できるような状況ではありません。ろう者・聴者に関わりなく、ひとりでも多くの人に日本手話の言語学的な研究に興味を持っていただくことが、この本の最大の目的です。この本をきっかけに、正確な知識を持って手話研究に取り組む人が増えれば、これ以上の喜びはありません。

　　　　　　　　　　　　　　　　　　2015 年 2 月　日吉にて

　　　　　　　　　　　　　　　　　　　　松岡　和美

謝辞

　この本の内容は、2013 年から 2015 年にかけて関西学院大学・慶應義塾大学・国立民族学博物館・NPO 法人手話教師センター・東北大学・山口大学で行った手話言語学の入門講座や「ろう者と聴者が協働する手話言語学ワークショップ」をきっかけとして行われた観察にもとづいています。貴重なコメントを寄せてくださったろう・聴の参加者に心からお礼を申し上げます。内堀朝子さん（日本大学）・小野尚之さん（東北大学）・川崎典子さん（東京女子大学）・藏藤健雄さん（立命館大学）・本間猛さん（首都大学東京）・森聡美さん（立教大学）からは、手話言語に関心を寄せる言語学者の視点から、大変参考になるコメントをいただきました。明晴学園の岡典栄さんには出版社のご紹介・原稿コメントを含め、執筆期間の間も様々なサポートをいただきました。上田浩登君は、草稿からろう者の動画撮影用のスライドを作成し、撮影の補助と動画の編集も担当してくれました。ジョン・ヘルウィグさんには本文中の写真撮影をご担当いただきました。くろしお出版の池上達昭さんからは、企画の最初の段階から励ましの言葉と適切なフィードバックをいただきました。

　日本手話のネイティブサイナーの助けがなければ、この本を作ることはできませんでした。この本に含めた研究成果の一部は、赤堀仁美さん・馬場博史さん・南田政浩さん・矢野羽衣子さんとの共同研究によって得られたものです。日本手話版 DVD の撮影・編集は小林信恵さんを調整役とするネイティブサイナーのグループ（知久博和さん・馬場博史さん・林雅臣さん・前川和美さん・森田明さん・矢野羽衣子さん）にご担当いただきました。小林さんはすべての章の草稿を読み、自らがモデルとなって下訳の手話動画を作成してくださいました。各章の撮影には常に複数のろう者メンバーが集まり、手話例文の確認や説明の流れ、ろう者にわかりやすい説明方法について時間をかけて話し合いをしながら作業が進められました。この議論があったから、この本のデータの質がより信頼できるものになったことは間違いありません。小林信恵さんと南田政浩さんには、手話動画の編集とスライドの合成作業もご担当いただきました。手話言語学に対する熱意を持った、才能豊

かなネイティブサイナーの存在が、日本の手話言語学の質を高める原動力となると信じます。

　手話言語学の研究活動にあたり、科学研究費補助金萌芽研究「自然言語としての日本手話の統語分析：ネイティブサイナーの言語知識」（平成20〜22年度、課題番号20652029）、慶應義塾大学事振興資金（平成25年度）、科学研究費補助金基盤研究（B）「手話言語の文法における『非手指要素』の意味的・統語的性質の研究」（平成26〜29年度、課題番号26284061）、平成26年度日本言語学会・言語の多様性に関する啓蒙・教育プロジェクト助成「ろう者と聴者が協働する手話言語学ワークショップ」の助成を受けました。ここに謝意を表します。

文献紹介

【初学者向け】

岡典栄・赤堀仁美（2011）『日本手話のしくみ：文法が基礎からわかる』大修館書店

岡典栄・赤堀仁美 (2016)『日本手話のしくみ練習帳 DVD付』大修館書店

    手話言語学の基本的な考え方を、わかりやすく解説したものです。例文の動画をインターネットやDVDで確認することができます。

木村晴美（2011）『日本手話と日本語対応手話（手指日本語）：間にある「深い谷」』生活書院

    同じ例文を日本手話と手指日本語（日本語対応手話）で示した連続写真がふんだんに収録されています。前半には日本のろう者を取り巻く社会的状況や、手指日本語が日本で広く普及した歴史的な流れについての説明が含まれています。

Valli, Clayton, Ceil Lucas, Kristin J. Mulrooney, and Miako Villanueva (2011) *Linguistics of American Sign Language 5th ed.* Washington D.C.: Gallaudet University Press.

    アメリカ手話の例を使って、初学者に手話言語学の基本を解説した教科書です。第5版はDVDが同梱されており、本で使われている動画や、アメリカの手話の歴史で重要な記録である手話動画や、手話語りが収録されています。

【言語学の専門家向け】

市田泰弘(2005)「手話の言語学　第1回〜第12回」『月刊言語』1月号〜12月号.

    1年に渡って専門誌に連載された記事です。空間を使う言語である手話の特性をよく捉えた記述が充実しています。

Roland Pfau, Marlus Steinbach, and Bencie Woll. (eds.) (2012) *Sign language: An international handbook.* Berlin: De Gruyter Mouton.

    著名研究者が多数執筆しており、手話言語学の様々な関連分野をほぼ網羅し

ています。特定の研究トピックについて情報を集めたいときに大変有用な文献です。多くの章で複数の手話言語のデータが言及されています。

Sandler, Wendy and Diane Lillo-Martin. (2006) *Sign language and linguistic universals*. New York: Cambridge University Press.

　大学院レベルの内容です。手話音韻論だけではなく手話の音声学的考察の情報も含まれており、手話の図像性についての章も興味深いものになっています。統語論のセクションでは生成文法の枠組みが用いられています。

引用文献

市田泰弘（2005）「手話の言語学　第6回・空間の文法：日本手話の文法(2)「代名詞と動詞の一致」『言語』34(6)：90-98.

岡典栄・赤堀仁美（著）、NPO法人バイリンガル・バイカルチュラルろう教育センター（編）（2011）『日本手話のしくみ：文法が基礎からわかる』大修館書店

小椋たみ子（2005）「音韻の発達」岩立志津夫・小椋たみ子（編）『よくわかる言語発達』32-35．ミネルヴァ書房

金澤貴之（編著）（2001）『聾教育の脱構築』明石書店

金澤貴之（2013）『手話の社会学：教育現場への手話導入における当事者性をめぐって』生活書院

小嶋祥三（1999）「声からことばへ」桐谷滋（編）『ことばの獲得』1-36．ミネルヴァ書房

川崎典子（2015）「手話言語の動詞一致のメカニズム」日本言語学会第150回大会予稿集

木村晴美（2007）『日本手話とろう文化：ろう者はストレンジャー』生活書院

木村晴美（2011）『日本手話と日本語対応手話（手指日本語）：間にある「深い谷」』生活書院

木村晴美・市田泰弘（2014）『はじめての手話　初歩からやさしく学べる手話の本（改訂新版）』生活書院

坂田加代子・矢野一規・米内山明宏（2008）『驚きの手話「パ」「ポ」翻訳：翻訳で変わる日本語と手話の関係』星湖舎

佐々木倫子（編）（2012）『ろう者から見た「多文化共生」：もうひとつの言語的マイノリティ』ココ出版

斉藤道雄（1999）『もうひとつの手話：ろう者の豊かな世界』晶文社

澤田治美（2006）『モダリティ』開拓社

武居渡（2005a）「手話はどのように獲得されるのか」長南浩人（編）『手話の心理学入門』49-75．東峰書房

武居渡（2005b）「手話言語環境にないろう者のホームサイン」長南浩人（編）『手話の心理学入門』177-197．東峰書房

鳥越隆士（1995）「ろう児はいかにして手話を学ぶか：第一言語としての手話の習得」『手話学研究モノグラフ』5: 1-61.

鳥越隆士（2008）「手話の獲得」小林春美・佐々木正人（編）『新・子どもたちの言語獲得』231-258. 大修館書店

中山慎一郎（2014）「ろう者がろう者に聞く：ろう学校でリテラシーは形成されたか」佐々木倫子（編）『マイノリティの社会参加』70-86. くろしお出版

仁田義雄（1991）『日本語のモダリティと人称』ひつじ書房

日本語記述文法研究会（編）（2003）『現代日本語文法4：第8部　モダリティ』くろしお出版

バーハン ベン（著）・市田泰弘（訳）（2000）「ある鷲の子の物語」現代思想編集部（編）『ろう文化』329-333. 青土社

バーハン ベン・米内山明宏（著）・小林真由美・米内山明宏（訳）（2000）「ろう文学とは何か」現代思想編集部（編）『ろう文化』336-349. 青土社

原大介・小林ゆきの・内堀朝子（2014）「日本手話の文末指さしに関する一考察：aboutness topic を含む文における文末指さしを中心に」日本手話学会第40回大会口頭発表

松岡和美・南田政浩・矢野羽衣子（2011）「日本手話の口型に見られる極性表現」日本言語学会第143回大会予稿集

南田政浩・松岡和美・矢野羽衣子（2011）「ELAN を用いた手話教材の開発」『手話学研究』20：39-44.

森壮也（2009）「手話研究者の倫理を考える：Aさんへの手紙」『手話学研究』18: 39-41.

Adone, Dany (2012) Language emergence and creolization. In Roland Pfau, Marlus Steinbach, and Bencie Woll (eds.) *Sign language: An international handbook*, 862-889. Berlin: De Gruyter Mouton.

Akahori, Hitomi, Uiko Yano, Kazumi Matsuoka, and Norie Oka (2013) Expressing modality: A descriptive study of Japanese Sign Language. A paper presented at the 147th meeting of the Linguistic Society of Japan, Kobe City University of Foreign Studies.

Anderson, Diane and Judy Reilly (1997) The puzzle of negation: How children move from communicative to grammatical negation in ASL.

Applied Psycholinguistics 18(4): 411-429.

Battison, Robbin (1973) *Lexical borrowing in American Sign Language.* Silver Spring, MD: Linstok Press. Repr. 1978.

Bellugi, Ursula, Karen van Hoek, Diane Lillo-Martin, and Lucinda O' Grady (1993) The acquisition of syntax and space in young deaf signers. In Dorothy Bishop and Kay Mogford (eds.) *Language development in exceptional circumstances*, 132-149. Hillsdale, USA: Lawrence Erlbaum Associates.

Benedicto, Elena and Diane Brentari (2004) Where did all the arguments go?: Argument-changing properties of classifiers in ASL. *Natural Language & Linguistic Theory* 22(4): 743-810.

Bickerton, Derek (1981) *Roots of language.* Ann Arbor: Karoma Publishers.

Brentari, Diane (1998) *A prosodic model of sign language phonology.* Cambridge, MA: MIT Press.

Brentari, Diane and Carol Padden (2001) Native and foreign vocabulary in American Sign Language: A lexicon with multiple origins. In Diane Brentari (ed.) *Foreign vocabulary in sign languages.* Mahwah, New Jersey: Lawrence Erlbaum Associates.

Cabeza Pereiro, Carmen and Ana Fernández Soneira (2004) The expression of time in Spanish Sign Language (LSE). *Sign Language & Linguistics* 7(1): 63-82.

Caponigro, Ivano and Kathryn Davidson (2011) Ask, and tell as well: Question-answer clauses in American Sign Language. *Natural Language Semantics* 19: 323-337.

Chen Pichler, Deborah (2012) Acquisition. In Roland Pfau, Marlus Steinbach, and Bencie Woll (eds.) *Sign language: An international handbook*, 647-686. Berlin: De Gruyter Mouton.

Coppola, Marie, and Elissa L. Newport (2005) Grammatical subjects in home sign: Abstract linguistic structure in adult primary gesture systems without linguistic input. *Proceedings of the National Academy of Sciences of the United States of America* 102(52): 19249-19253.

Corina, David P., Ursula Bellugi, and Judy Reilly (1999) Neuropsychological studies of linguistic and affective facial expressions in deaf signers. *Language and Speech* 42(2-3): 307-331.

Crasborn, Onno, Els Van Der Kooij, Johan Ros, and Helen De Hoop (2009) Topic agreement in NGT (sign language of the Netherlands). *The Linguistic Review* 26, 355–370.

Curtiss, Susan (1977) *Genie: A linguistic study of a modern day wild-child.* New York: Academic Press.［邦訳：スーザン カーチス（著），久保田競・藤永安生（訳）（1992）『ことばを知らなかった少女ジーニー：精神言語学研究の記録』築地書館］

Emmorey, Karen (2003) *Perspectives on classifier constructions in sign languages.* New York: Psychology Press.

Engberg-Pedersen, Elisabeth (1993) *Space in Danish Sign Language.* Hamburg: Signum.

Fischer, Susan (1975) Influences on word order change in American Sign Language. In Charles N. Li (ed.) *Word order and word order change*, 1-25. Austin: University of Texas Press.

Fischer, Susan (1996) The role of agreement and auxiliaries in sign language. *Lingua* 98, 103-119.

Fischer, Susan and Qunhu Gong (2010) Variation in East Asian sign language structures. In Diane Brentari (ed.) *Sign languages*, 499-518. Cambridge: Cambriedge University Press.

Goldin-Meadow, Susan (2012) Homesign: Gesture to language. In Roland Pfau, Marlus Steinbach, and Bencie Woll (eds.) *Sign language: An international handbook*, 601-625. Berlin: De Gruyter Mouton.

Goldin-Meadow, Susan, Carolyn Mylander, Jill de Villiers, Elizabeth Bates, and Virginia Volterra (1984) Gestural communication in deaf children: The effects and noneffects of parental input on early language development. *Monographs of the Society for Research in Child Development*, 1-151.

Goldin-Meadow, Susan and Carolyn Mylander (1998) Spontaneous sign systems created by deaf children in two cultures. *Nature* 391: 279-281.

Hänel, Barbara (2005) The acquisition of agreement in DGS: Early steps into spatially expressed syntax. *Linguistische Berichte, Special Issue* 13: 201-232.

Henner, Jonathan, Leah Geer, and Diane Lillo-Martin (2013) Calculating frequency of occurrence of ASL handshapes. LSA Meeting Extended Abstracts.

Humphries, Tom, Poorna Kushalnagar, Gaurav Mathur, Donna Jo Napoli, Carol Padden, and Christian Rathmann (2014) Ensuring language acquisition for deaf children: What linguists can do. *Language* 90(2): e31-e52.

Johnson, Robert and Scott Liddell (2011) A segmental framework for representing Signs phonetically. *Sign Language Studies* 11(3): 408-463.

Kaplan, Robert B. (1966) Cultural thought patterns in inter-cultural education. *Language Learning* 16: 1-20.

Klima, Edward and Ursula Bellugi (1988) *The signs of language*. Cambridge, MA: Harvard University Press.

Liddell, Scott and Robert Johnson (1989) American Sign Language: The phonological base. *Sign Language Studies* 64: 195-277.

Liddell, Scott (2000) Indicating verbs and pronouns: Pointing away from agreement. In Emmorey, Karen and Harlan L. Lane (eds.) *The signs of language revisited: An anthology to honor Ursula Bellugi and Edward Klima*, 303-320. Mahwah, NJ: Lawrence Erlbaum Associates.

Lillo-Martin, Diane (1985) The acquisition of spatially organized syntax. *Papers and reports on child language development* 24: 70-78.

Lillo-Martin, Diane (1991) *Universal grammar and American Sign Language*. Dordrecht: Kluwer Academic Publishers.

Lillo-Martin, Diane (2012) Utterance reports and constructed action. In Roland Pfau, Marlus Steinbach, and Bencie Woll. (eds.) *Sign language: An international handbook*, 365-387. Berlin: De Gruyter Mouton.

Lillo-Martin, Diane, Ursula Bellugi, Lucinda Struxness, and Maureen O'Grady (1985) The acquisition of spatially organized syntax. *Papers and reports on child language development* 24, 70-78.

Lillo-Martin, Diane and Richard Merier (2011) On the linguistic status of 'agreement' in sign languages. *Theoretical Linguistics* 37(3-4), 95-141.

Loew, Ruth Carolyn (1984) Roles and reference in American Sign Language: A developmental perspective. Ph.D. dissertation. University of Minnesota.

Lucas, Ceil, and Clayton Valli (1989) Language contact in the American deaf community. In Ceil Lucas (ed.) *The sociolinguistics of the deaf community*, 11-40. San Diego: Academic Press.

Masataka, Nobuo (2000) The role of modality and input in the earliest stage of language acquisition: Studies of Japanese Sign Language. In Charlene Chamberlain, Jill P. Morford, and Rachel I. Mayberry (eds.) *Language acquisition by eye*, 3-24. New York: Psychology Press.

Mathur, Gorav (2000) Verb agreement as alignment in signed languages. Ph.D.dissertation. Massachusetts Institute of Technology.

Mathur, Gorav and Christian Rathmann (2010) Verb agreement in sign language morphology. In Diane Brentari (ed.) *Sign languages*, 136-157. Cambridge: Cambridge University Press.

Matsuoka, Kazumi and Jon Gajewski (2013) The polarity-sensitive intensifier mouth gestures in Japanese Sign Language. *Journal of Japanese Linguistics* 29: 29-48.

Maynard, Senko (1993) *Discourse modality: Subjectivity, emotion and voice in the Japanese language*. Amsterdam: John Benjamins.

McIntire, Marina and Judy Reilly (1988) Nonmanual behaviors in L1 & L2 learners of American Sign Language. *Sign Language Studies* 61: 351-375.

Meier, Richard (1982) Icons, analogues, and morphemes: The acquisition of verb agreement in American Sign Language. Ph.D. dissertation, University of California San Diego.

Meier, Richard P. (1990) Person deixis in American Sign Language. In Susan Fischer and Patricia Siple (eds.) *Theoretical issues in sign language research 1*, 175-190. Chicago: Chicago University Press.

Newport, Elissa L. (1988) Constraints on learning and their role in language acquisition: Studies of the acquisition of American Sign Language. *Language Sciences* 10(1): 147-172.

Oller, D. Kimbrough, Rebecca E. Eilers, Dale H. Bull, and Arlene Earley Carney (1985) Prespeech vocalizations of a deaf infant: A comparison with normal metaphonological development. *Journal of Speech, Language, and Hearing Research* 28(1): 47-63.

Padden, Carol (1983) The interaction between syntax and morphology in ASL. Ph.D. dissertation, University of California San Diego.

Padden, Carol (1998) The ASL lexicon. *International Review of Sign Linguistics* 1(1): 39-60.

Petitto, Laura A. (1987) On the autonomy of language and gesture: Evidence from the acquisition of personal pronouns in American Sign Language. *Cognition* 27(1): 1-52.

Petitto, Laura and Paula Marentette (1991) Babbling in the manual mode: Evidence for the ontogeny of language. *Science, New Series*, 251 (5000): 1493-1496.

Petitto, Laura, Siobhan Holowka, Lauren Sergio, Bronna Levy, and David Ostry (2004) Baby hands that move to the rhythm of language: Hearing babies acquiring sign languages babble silently on the hands. *Cognition* 93(1): 43-73.

Pfau, Roland, Marlus Steinbach, and Bencie Woll (2012) Tense, aspect, and modality. In Roland Pfau, Marlus Steinbach, and Bencie Woll (eds.) *Sign language: An international handbook*, 186-204. Berlin: De Gruyter Mouton.

Poizner, Howard, Edward Kima and Ursula Bellugi (1987) *What the hands reveal about the brain*. Cambridge, MA: MIT Press.［邦訳：H. ポイズナー, E.S. クリマ, U. ベルギ（著）石坂郁代ほか（訳）(1996)『手は脳について何を語るか：手話失語からみたことばと脳』新曜社］

Quadros, Ronice Müller, de (1999) Phrase structure of Brazilian Sign Language. Ph.D. dissertation. Pontioficia Universidade Católica do Rio Grande do Sul.

Quadros, Ronice Müller, de and Diane Lillo-Martin (2007) Gesture and the acquisition of verb agreement in sign languages. In Heather Caunt-Nulton, Samantha Kulatilake, and I-Hao Woo (eds.) *Proceedings of the 31st Annual Boston University Conference on Language Development,* 520-531. Somerville, MA: Cascadilla Press.

Rathmann, Christian (2005) Event structure in American Sign Language. PhD dissertation, Universtiy of Texas at Austin.

Reilly, Judy (2006) How faces come to serve grammar: The development of nonmanual morphology in American Sign Language. In Brenda Schick, Mark Marschark, Patricia Elizabeth Spencer (eds.) *Advances in the sign language development of deaf children*, 262-290. New York: Oxford University Press.

Reilly, Judy, and Marina McIntire (1991) WHERE SHOE: The acquisition of whquestions in ASL. *Papers and Reports in Child Language Development* 30: 104-111.

Reilly, Judy, Marina McIntire, and Ursula Bellugi (1991) Baby face: A new perspective on universals in language acquisition. In Susan D. Fischer and Patricia Siple (eds.) *Theoretical issues in sign language research 2*, 9-23. Chicago: University of Chicago Press.

Sakai, Kuniyoshi, Tatsuno, Yoshinori, Suzuki, Kei, Kimura, Harumi and Ichida, Yasuhiro (2005) Sign and speech: Amodal commonality in left hemisphere dominance for comprehension of sentences. *Brain* 128: 1407-1417.

Sandler, Wendy (1986) The spreading hand autosegment of American Sign Language. *Sign Language Studies* 50: 1-28.

Sandler, Wendy and Diane Lillo-Martin (2006) *Sign language and linguistic universals.* New York: Cambridge University Press.

Saury, Jean-Michel (1984) Polarity and the morpheme: A new analysis of the morphemes- lös and fri in Swedish. *Gothenburg papers in theoretical linguistics* 47.

Schick, Brenda (1990) The effects of morphosyntactic structure on the acquisition of classifier predicates in ASL. *Sign Language Research: Theoretical Issues*, 358-374.

Schick, Brenda (2006) Acquiring a visually motivated language: Evidence from diverse learners. In Brenda Schick, Mark Marschark, Patricia Elizabeth Spencer (eds.) *Advances in the sign language development of deaf children*, 102-134. New York: Oxford University Press.

Senghas, Ann (1995) Children's contribution to the birth of Nicaraguan Sign Language. Ph.D. dissertation. Massachusetts Institute of Technology.

Senghas, Ann (2003) Intergenerational influence and ontogenetic development in the emergence of spatial grammar in Nicaraguan Sign Language. *Cognitive Development* 18(4): 511-531.

Senghas, Ann, Sotaro Kita, and Asli Özyürek (2004) Children creating core properties of language: Evidence from an emerging sign language in Nicaragua. *Science* 305 (5691): 1779-1782.

Siedlecki Jr, Theodore, and John Bonvillian (1993) Location, handshape & movement: Young children's acquisition of the formational aspects of American Sign Language. *Sign Language Studies* 78(1): 31-52.

Singleton, Jenny and Elissa L. Newport (2004) When learners surpass their models: The acquisition of American Sign Language from inconsistent input. *Cognitive Psychology* 49: 370–407.

Sloetjes, Han, and Peter Wittenburg (2008) Annotation by category – ELAN and ISO DCR. In *Proceedings of the 6th International Conference on Language Resources and Evaluation (LREC 2008)*, 816-820.

Stokoe, William, Dorothy C. Casterline, and Carl G. Croneberg (1965) *A dictionary of American Sign Language on linguistic principles*. Silver Spring, MD: Linstok Press. Repr. 1976.

Supalla, Ted (1982) Structure and acquisition of verbs of motion and location in American Sign Language. Ph.D dissertation, University of San Diego.

Supalla, Ted (1986) The classifier system in American Sign Language. In Colette Craig (ed.) *Noun classes and caterogirazation*, 181-214. Amsterdam: Benjamins.

Supalla, Ted (2003) Revisiting visual analogy in ASL classifier predicates. In Karen Emmorey (ed.) *Perspectives on classifier constructions in sign languages*, 249-257. New York: Psychology Press.

Torigoe, Takashi (1994) Resumptive X structures in Japanese Sign Language. *Perspectives on Sign Language Structure* 1: 187-198.

Uchibori, Asako and Kazumi Matsuoka (2013) Some observations on wh-clauses in Japanese Sign Language. *Journal of Japanese Linguistics* 29, 17-28.

Valli, Clayton, Ceil Lucas, Kristin J. Mulrooney, and Miako Villanueva (2011) *Linguistics of American Sign Language 5th ed*. Washington D.C.: Gallaudet University Press.

Wilcox, Sherman and Barbara Shaffer (2006) Modality in American Sign Language. In William Frawley (ed.) *The expression of modality*, 207-237. Berlin: Mouton de Gruyter.

Wilcox, Sherman and Phyllis Wilcox (1995) The gestural expression of modality in ASL. In Joan Bybee and Suzanne Fleischman (eds.) *Modality in grammar and discourse,* 135-162. Amsterdam: Benjamin Publishing.

Zwitserlood, Inge (2012) Classifiers. In Roland Pfau, Marlus Steinbach, and Bencie Woll (eds.) *Sign language: An international handbook*, 158-186. Berlin: De Gruyter Mouton.

索引

A

CL 表現　95
DofD（Deaf of Deaf）　8
DofH（Deaf of Hearing）　8
ELAN（EUDICO Linguistic Annotator）　144
MH モデル（Movement-Hold Model）　23
NM 表現（Non-manual expressions, NMM, NMS 非手指表現）　54
RS　95
SASS　102
Wh 疑問文　65
Wh 分裂文　67
YES-NO 疑問文　65

あ

アーリーサイナー（早期手話話者）　8
アスペクト　76
位置　19
一致動詞　10, 45
因果関係　70
引用　108
引用 RS　107
動き　19
音韻パラメータ　19

か

感受性期　129

利き手に関する制約（Dominant Condition）　30
軌跡　127
義務モダリティ（deontic modality）　84
逆接　70
極性　87
空間動詞　44
屈折　35
首ふり　63
クレオール（creole）　132
クレオール化　132
形態素　35
語彙的アスペクト（lexical aspect）　81
語彙的極性　89
構成素　54
構造　54
構造依存性　55
行動（行為）RS　107
コーダ　8
語基　35
語順　65
個人情報　141
語中音添加　25
混成手話（中間手話）　10

さ

最小対　18
ジェスチャー　22
実体 CL（Entity CL）　102

ジャーゴン 119
手型 19
手指日本語（日本語対応手話） 10
手話語り 110
手話ポエム 110
順接 70
条件節 70
数字 40
ストーキー法 21
接辞 35
接触 28
操作CL（Handling CL） 102

た

対称性の条件（Symmetry Condition） 30
態度的極性 89
タイムライン 77
代名詞 121
単一配列の規則（single sequence rule） 29
段階的形容詞 86
重複 36
手による喃語 116
手のひらの向き 19
テンス 76
同化 25
トレースCL（tracing CL） 104

な

ニカラグア手話 133
二重分節性 17

認識様態のモダリティ（epistemic modality） 83
ネイティブサイナー・ネイティブスピーカー（母語話者） 137

は

媒介言語 143
派生 35
バチソンの制約 30
ピジン（pidgin） 131
ピジン手指英語（Pidgin Signed English、PSE） 9
否定表現 58
フローズン語彙 105
文法的アスペクト（grammatical aspect） 78
文末コピー 56
弁別性 17
ホームサイン 132
保持の消失 25

ま

ミニマルペア 18
無標手型 31
無変化動詞 43
命題 81
メタ言語意識 138
モダリティ 81

や

指さし 121
指文字 40

ら

ラベル 14
臨界期 129
レイトサイナー（後期手話話者）8
レファレンシャルシフト・ロールシフト 95

わ

話題化文 69

指文字表

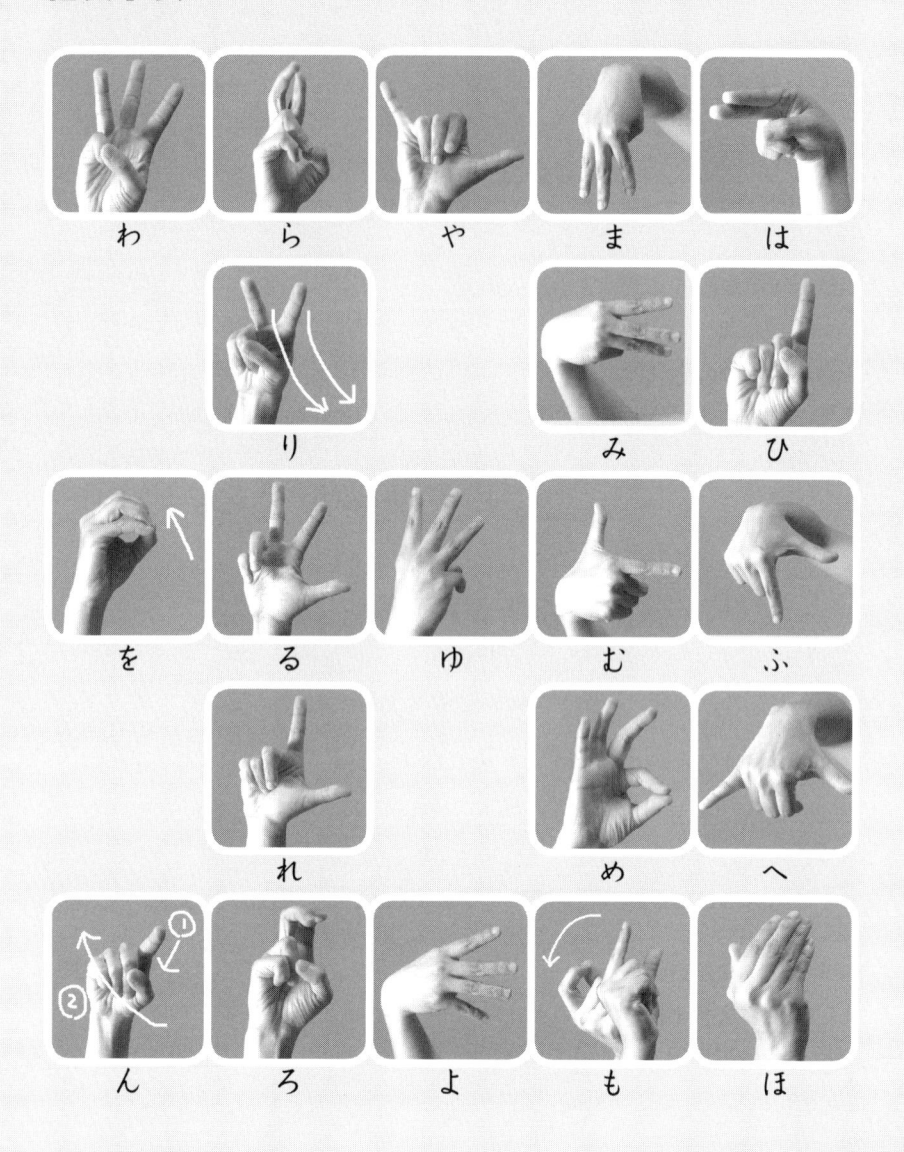

わ	ら	や	ま	は
	り		み	ひ
を	る	ゆ	む	ふ
	れ		め	へ
ん	ろ	よ	も	ほ

173

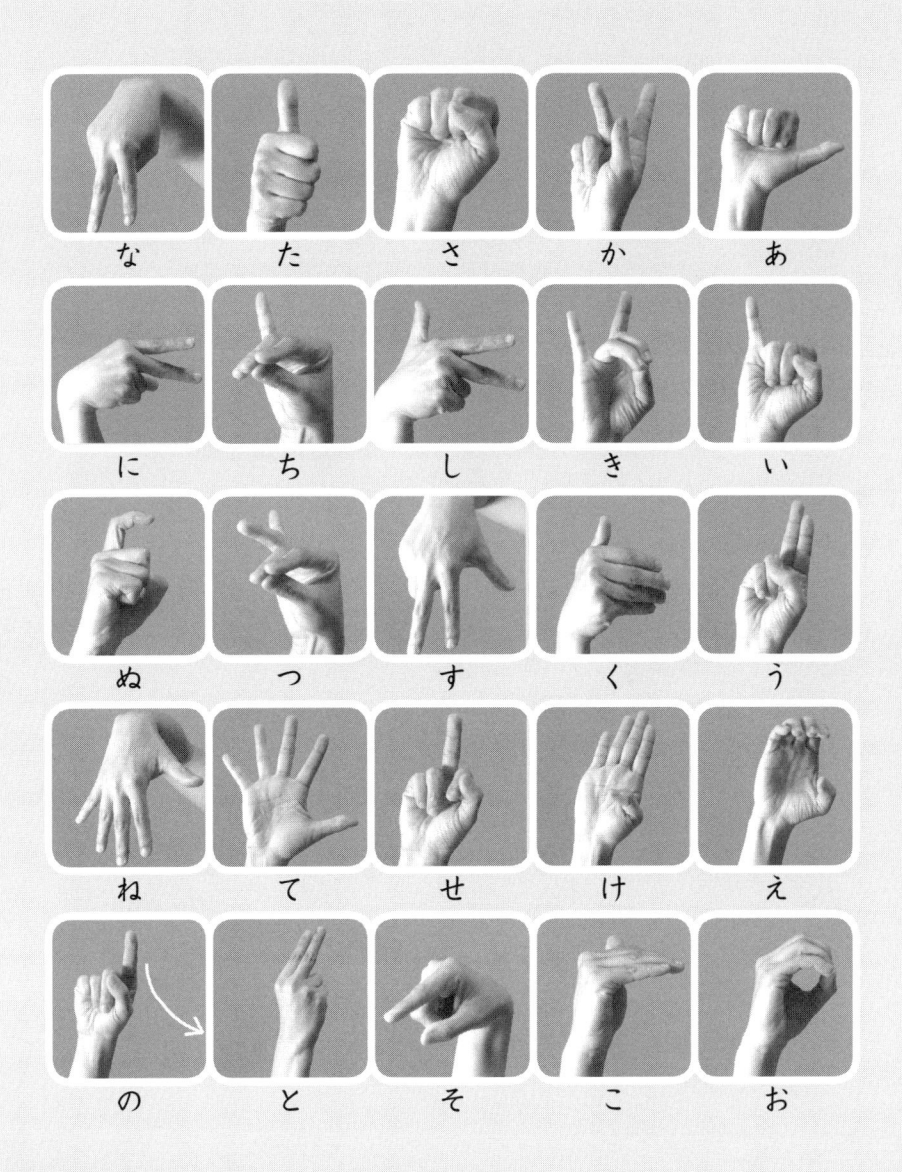

な	た	さ	か	あ
に	ち	し	き	い
ぬ	つ	す	く	う
ね	て	せ	け	え
の	と	そ	こ	お

ストーキーの手話表記システム (Stokoe et al. 1965)

		位置に関するもの（Tab）
1	∅	下記のどの位置でもない中立的な空間
2	∩	顔または頭全体
3	⌒	額、眉、顔の上の部分
4	⊔	顔の中央の部分、目や鼻の周辺
5	∪	あご、顔の下の部分
6	ǃ	頬、こめかみ、眉、顔の横の部分
7	π	首
8	[ ]	胴、肩から腰までの範囲
9	\	肩からひじまでの腕の部分（上腕部）
10	⌿	ひじ、ひじから手首までの腕の部分
11	ɑ	手首と腕、手のひらが上になるようにひねった位置
12	ɒ	手首と腕、手のひらが下になるようにひねった位置

		手型に関するもの（Dez）、位置にも使われる記号を含む
13	A	握りこぶし、指文字 a・s・t
14	B	5本の指をそろえた平手
15	5	5本の指を広げた形、数字の5
16	C	すべての指をゆるく曲げた形、指文字 c が少し開いたもの
17	E	すべての指をその場できつく曲げた形、指文字 e
18	F	親指と人差し指が輪を作る、または軽く交差
19	G	握りこぶしから人差し指を立てる、指文字 g または d
20	H	人差し指と中指をそろえて立てる
21	I	握りこぶしから小指だけを立てる
22	K	指文字Gに類似、親指が人差し指の中間位置に横から触れる
23	L	親指と人差し指で直角を作り、他の指は閉じる
24	3	親指、人差し指、中指を立てて広げる　数字の3
25	O	4本の指先と親指の先をつけて輪を作る。指文字 o
26	R	中指を人差し指の後ろからからめる。指文字 r
27	V	Vサイン。人差し指と中指を立てて広げる
28	W	親指と小指の先端が接触、他の3本の指を広げて伸ばす

29	X	フック形。握りこぶしから人差し指を伸ばして曲げる。親指と人差し指の先端が触れる場合もある
30	Y	動物の角のような形。握りこぶしから親指と小指を立てる。または人差し指と小指を平行に伸ばす
31	8	手を広げた形から、中指が内側に曲げられた形、親指と中指の先端が触れる場合もある

動きに関するもの（Sig）			
32	∧	上方向への動き	垂直方向の動き
33	∨	下方向への動き	
34	N	上下の動き	
35	>	右方向への動き	左右方向の動き
36	<	左方向への動き	
37	≷	左右の動き	
38	⊤	話者に近づく動き	前後の動き
39	⊥	話者から離れる動き	
40	I	話者から離れたり近づいたりする動き	
41	ɑ	手首を回転させて手のひらを上向きにする	回転運動
42	ɒ	手首を回転させて手のひらを下向きにする	
43	ω	手首を両方向にひねる	
44	ŋ	下へ曲げる動き	
45	□	手を開いて [ ] 内に指定された手型を作る	
46	♯	手を閉じて [ ] 内に指定された手型を作る	
47	ℜ	指をひらひらと小刻みに動かす	
48	⊙	円状の動き	
49	）（	近づける動き	2つ以上の身体部位の相互作用
50	×	接触させる動き	
51	⫴	つなぐ、またはつかむ動き	
52	✢	交差させる動き	
53	⊙	中に入れる動き	
54	÷	離す動き	
55	↻	交互の動き	

著 者

松岡 和美（まつおか・かずみ）

大阪府出身。慶應義塾大学経済学部教授。京都外国語大学英米語学科卒業、筑波大学大学院修了(教育学修士)、1998年コネチカット大学大学院博士課程修了。Ph.D.(言語学)。マウントホリヨーク大学日本語客員講師・メンフィス大学外国語・外国文学部助教授(日本語)を経て現職。専門分野は手話言語学と言語発達(モノリンガル・バイリンガル)。国内外のろう者・聴者と様々な研究プロジェクトに携わる。著書に『わくわく！納得！手話トーク』(くろしお出版 2021年)、編著に『手話言語学のトピック』(くろしお出版 2023年)。2018〜19年度NHKEテレ「みんなの手話」監修。聴者。

DVD出演：知久博和・馬場博史・林雅臣・前川和美・森田明・矢野羽衣子
（五十音順）

ＤＶＤ動画編集：小林信恵・南田政浩 (五十音順)
写真撮影：John Helwig

日本手話で学ぶ 手話言語学の基礎

NDC801.92

初版第１刷──── 2015年10月15日
　第５刷──── 2024年 ９月17日

著　者────松岡和美

発行人────岡野秀夫
発行所────株式会社くろしお出版
　　　　　〒102-0084　東京都千代田区二番町4-3
　　　　　［電話］03-6261-2867　［WEB］www.9640.jp

印刷・製本　藤原印刷　　装 丁　折原カズヒロ　　DVD制作担当　藤森友輔

©Kazumi Matsuoka, 2015　Printed in Japan
ISBN978-4-87424-670-2 C1081

乱丁・落丁はお取りかえいたします。本書の無断転載・複製を禁じます。